珍藏本
纪念版

汉译世界学术名著丛书

国际经济秩序的演变

〔英〕阿瑟·刘易斯 著

乔依德 译

甘士杰 校

商务印书馆
SINCE1897 The Commercial Press

2017年·北京

William Arthur Lewis
THE EVOLUTION OF
THE INTERNATIONAL ECONOMIC ORDER
Princeton University Press，1978

汉译世界学术名著丛书
（120年纪念版·珍藏本）
出版说明

2017年2月11日，商务印书馆迎来120岁的生日。120年前，商务印书馆前贤怀揣文化救国的理想，抱持“昌明教育，开启民智”的使命，立足本土，放眼寰宇，以出版为津梁，沟通中西，为中国、为世界提供最富智慧的思想文化成果。无论世事白云苍狗，潮流左右激荡，甚至战火硝烟弥漫，始终践行学术报国之志，无改初心。

迻译世界各国学术名著，即其一端。早在20世纪初年便出版《原富》《天演论》等影响至今的代表性著作，1950年代后更致力于外国哲学和社会科学经典的译介，及至1980年代，辑为“汉译世界学术名著丛书”，汇涓为流，蔚为大观。丛书自1981年开始出版，历时三十余年，迄今已推出七百种，是我国现代出版史上规模最大、最为重要的学术翻译工程。

丛书所选之书，立场观点不囿于一派，学科领域不限于一门，皆为文明开启以来，各时代、各国家、各民族的思想与文化精粹，代表着人类已经到达过的精神境界。丛书系统译介世界学术经典，引领时代思想，为本土原创学术的发展提供丰富的文化滋养，为推动中国现代学术和现代化进程做出了突出的贡献。

为纪念商务印书馆成立120周年，我们整体推出"汉译世界学术名著丛书"120年纪念版的珍藏本，寄望既利于文化积累，又便于研读查考，同时向长期支持丛书出版的译者、编者和读者致以敬意。

两甲子后的今天，商务印书馆又站在了一个新的历史时间节点上。我们不仅要铭记先辈的身影和足迹，更须让我们的步伐充满新的时代精神。这是商务人代代相传的事业，更是与国家和民族的命运始终紧密相连的事业。我们责无旁贷，必须做好我们这代人的传承与创造，让我们的努力和成果不仅凝聚成民族文化的记忆，还能成为后来人可以接续的事业。唯此，才能不负前贤，无愧来者。

商务印书馆编辑部

2017年10月

译者前言

(一)

本书作者阿瑟·刘易斯系美国普林斯顿大学教授、著名的发展经济学家,因为“对于研究发展中国家经济问题所做的贡献”而获得1979年诺贝尔经济学奖。

刘易斯1915年出生于英属西印度群岛的圣卢西亚岛。年轻时就学于英国伦敦政治经济学院,1940年获博士学位,同年留校任教。1948年在曼彻斯特大学任讲师,主持杰文斯政治经济学讲座。1959年任西印度大学副校长。1963年因对经济学的贡献而被英国女王封为勋爵。自1963年起便到美国普林斯顿大学任教授,主持麦迪逊政治经济学讲座。除执教外,他还担任过各种职务:在英国殖民地开发公司担任过董事,在加纳、尼日利亚、西印度群岛等发展中国家的政府中担任经济顾问,在牙买加中央银行、加勒比地方开发银行担任董事或总裁,还先后在联合国专门机构任过要职。刘易斯的这些经历,对于其经济发展理论的形成无疑具有一定的影响。

刘易斯对经济发展问题的研究,始于20世纪50年代初。主要著作有:《劳动无限供给条件下的经济发展》(1954年)、《经济增长理论》(1955 年)、《发展计划:经济政策的本质》(1966 年)、《热带贸易问题:1883—1965 年》(1969 年)、《国际经济秩序的演变》(1978 年)、《增长与波动:1870—1913 年》(1978 年)等。这些著作的出版,形成了他关于经济发展的完整的理论体系,奠定了他作为发展经济学的开创者和主要代表人物的学术地位。他对于经济发展的一系列重要问题,如经济发展的因素、经济发展的过程和经济发展的外部条件等,都有自己的独特见解。现简述如下:

第一,关于经济发展的因素。他认为,经济发展的直接原因是人们从事经济活动的愿望、资本的积累和知识的增长与运用,而决定这些原因的是人们的意识形态和社会的政治经济制度。他强调社会政治因素对经济发展的影响,认为造成发展中国家贫穷的原因,不单纯是经济方面的,更重要的是社会政治方面的。因此,他认为要使经济得到发展,就必须首先进行社会改革。

第二,关于经济发展的过程。他认为,发展中国家的经济是由两个不同的部门组成的:一是按现代方式组织而以先进技术进行生产的资本主义部门,二是按传统方式组织而以落后的技术进行生产的农业部门。而经济发展的动力在于前一个部门。传统的农业部门存在着隐蔽性的失业,由于妇女劳动力的解放和人口的迅速增长,劳动力的供给几乎是无限的。在这种情况下,经济发展的关键在于资本的积累。资本积累的主要来源是国内储蓄,储蓄的主要来源则是利润,主要的储蓄者则为资本家。所以,经济发展的过程,就是资本主义部门相对地不断扩大、利润在国民收入中的比例不断增加的过程。这一过程可以一直延续到劳动力短缺、工资不得不上升为止。可见,刘易斯关于这个问题的阐述并没有脱离古典经济学派的窠臼。

第三，关于经济发展的外部条件。他认为，对外贸易能促进经济发展，但关键在于贸易条件是否有利。发展中国家以初级产品与发达国家的制成品相交换，其贸易条件是由各自生产粮食的农业部门的相对劳动生产率决定的。也就是说，由于发达国家的农业劳动生产率高，因而，贸易条件就不利于发展中国家。如果发展中国家的农业劳动生产率不变，即使其初级产品的劳动生产率提高了，贸易条件仍旧不利，因为其初级产品劳动生产率提高的收益，总是以降低产品价格的形式转入发达国家手中。因此，在刘易斯看来，发展中国家要从根本上改变不利的贸易条件，就必须大力提高本国的农业劳动生产率。

（二）

本书出版于 1978 年，系根据 1977 年刘易斯在普林斯顿大学詹韦讲座的两次演讲写成。本书具有以下一些特点：首先，它是作者 30 年来关于经济发展的基本观点的归纳、总结、延续和提高。其次，作者把历史、经济学、统计学三者有机地糅合在一起，这样就使本书关于一系列重要问题的阐述更有说服力。还有，本书虽然篇幅不大，但内容却比较丰富。它不仅阐述了国际经济秩序的形成、演变和发展趋势，涉及国际经济关系特别是南北经济关系的各个侧面，如国际金融、国际贸易等，而且，它还论述了发展中国家经济发展战略等重大问题。

本书的主要内容是围绕着两个主题或两条线展开的。一是国际经济秩序的形成、演变和发展，二是发展中国家的经济发展战略问题。这里分别予以评述。

目前的国际经济秩序是如何形成的？为什么有的国家变成了工业国而有的国家却没有？对此，刘易斯认为，目前的国际经济秩序是在19世纪最后25年间形成的。1850年，英国进行了工业革命，有些国家对此做出了反应，或者通过贸易，或者通过仿效，先后实现了工业化，而大多数国家却没有对此做出反应。基于这一点，世界分成了工业国和非工业国。

为什么这些国家没有做出反应呢？根据刘易斯的看法，它们可以通过两个机会来实现工业化。一是与已进行工业革命的国家进行贸易，但通过贸易实现工业化的机会不大。另一个机会是进行仿效。但这方面也存在着严重的障碍。殖民主义采取各种手段压制当地的工业化，当地出口贸易的各个环节都控制在外国手里，利润流向宗主国，殖民地国家的资金积累减少了。至于有些政治上已独立的国家也未实现工业化的原因，他认为这是由于这些国家缺乏“投资气氛”，即：政治权力掌握在地主阶级手中，它为了自己的既得利益，竭力阻挠工业化的实现。

刘易斯还认为，对外贸易毕竟有利于增加国民收入，从而有利于实现工业化。例如澳大利亚就是通过贸易实现了工业化。但在第一次世界大战前的30年中，热带国家的贸易量每年增加4%，速度并不慢，为什么它们都没有实现工业化？作者认为：“其中最重要的原因是这些国家的贸易条件处于不利地位。”

人们自然要问：那么，商品的贸易条件又是由什么决定的呢？作者的回答是：由生产要素的贸易条件决定。在西方经济学中，生产要素指的是劳动、资本、土地以及经营管理技能。这里所谓生产要素的贸易条件，主要指劳动力的输出、输入比价。作者认为，19世纪下半叶，出现了国际移民的两大潮流，大约有5 000万欧洲人移居温带殖民地，另有5 000万印度人和中国人前往热带地区当劳工，这两股移民“分别决定了热带农产品和温带农产品的贸易条件”。刘易斯举了个例子说明劳动力价格是如何决定商品价格的：“在19世纪80年代，种植园劳工的工资是每天一先令，而澳大利亚非熟练建筑工人的工资却是每天九先令。如果茶叶是温带作物而非热带作物的话，它的价格也许就会高四倍。如果羊毛为热带产品而不是温带产品的话，它的价格也许只不过是市价的四分之一。”这就是说，在生产率存在着差别的情况下，不同地区的劳动力比价决定了商品的比价。当然，这里有一个重要的前提，即劳动力的供给弹性是无限的。因为在这种情况下，劳动力的价格就不会因劳动力数量的变化而发生波动。

按逻辑推理，人们接着就要问：生产要素的贸易条件又是由什么决定的呢？刘易斯认为，它是由各国的粮食生产率决定的。产生这种情况的原因是没有以同劳等酬为原则。正是从这个意义上说，目前的国际经济秩序是不公正的。作者进一步认为，只要发展中国家在国内进行农业革命和工业革命，特别是努力改变粮食生产的状况，“那么，国际经济新秩序就会自然而然地产生”。这些结论无疑包含了科学的成分，但也存在着片面性。强调粮食生产的重要性，主张发展中国家自力更生，当然是正确的。但是，当前国际经济生活中的不公正现象是广泛存在的，不能仅仅把它局限于粮食生产这一个方面。如果，在国际经济关系的各个领域不消除发达国家强加在发展中国家头上的种种歧视和不公正的待遇，那么，发展中国家实现工业化的进程就要受到阻碍，建立国际经济新秩序当然也就无从谈起。

尽管刘易斯关于国际经济新秩序的论述有局限性，但是，很明显，他的观点不同于帝国主义、殖民主义辩护士的陈词滥调，也不同于一般的泛泛之谈。他对问题的分析、阐述具有一定的广度和深度，所得出的某些结论值得我们注意。例如，他提出，"只有提高热带国家的共同商品即国内粮食的生产率，才能够改善生产要素的贸易条件"。又如，他根据统计资料得出这样的结论：发展中国家的经济增长与发达国家的经济增长具有一定的同步性。这些观点都可供我们参考。

（三）

第二次世界大战后，一大批原先的殖民地在获得政治上的独立后，努力发展本国的民族经济，在此过程中积累了丰富的、正反两方面的经验、教训。以研究发展中国家经济发展为主要内容的发展经济学应运而生。发展中国家应该如何发展本国经济？应该采取哪种经济发展战略？对此，西方经济学界众说纷纭。其中，刘易斯的观点具有较广泛的代表性。

有一些经济学家，如哈里斯·切纳里、安妮·克鲁格等比较强调对外贸易在经济发展中的重要性，所以，他们按贸易方向对发展中国家的经济发展战略进行分类，即分为"进口替代"和"面向出口"的发展战略。他们推崇后者，认为采取面向出口的发展战略对发展中国家的经济发展比较有利。

另一些经济学家则主张发展中国家应大力发展农业,强调国内市场的重要性,强调技术进步在发展过程中的作用。刘易斯无疑是持这种观点的。他在本书中反复强调农业的重要性。他从以下几方面进行了论证:第一,农业革命是工业革命的前提,必须先于工业革命或与工业革命同时发生,“这是最重要而又最容易被忽略的事实”。第二,工业的发展受到农业生产状况的制约,“工业部门的大小是农业生产率的函数”。因为,只有农业发展了,工业才能获得充足的原料和广阔的市场。第三,只有提高粮食生产的生产率,才能改善生产要素的贸易条件,促进国际经济新秩序的建立。可以认为,第一、第二两点的分析是符合历史事实的,第三点尚有待于事实的证明。

与此相关,刘易斯比较重视国内市场对一国经济发展的作用,他甚至这样说:“一个发展中国家的发展战略,不必过分依赖出口;眼光应该更多地放在国内市场。”当然,要做到这一点,必须有一个前提,那就是该国不再进口粮食,而且有剩余农产品可以打入正在扩大的世界市场,这样,工业品的国内市场和高级服务业就都可以推动经济发展。

关于经济增长的动力问题,刘易斯的看法也与有些发展经济学家不同。他认为:“经济增长的动力应该是技术变化,国际贸易是润滑油而不是燃料。达到技术变化的途径是农业革命和工业革命,这两者是互相依赖的。国际贸易不能代替技术变化,所以,依赖国际贸易、把它作为主要希望的那些人必然要受到挫折。”可以认为:技术进步和对外贸易是以不同的方式促进经济发展的。技术进步表现为采用新技术、新工艺、新材料等,其实质是减少生产某种产品所需的生产要素或改变其组成成分,也就是说,用较少的劳动(包括活劳动和物化劳动)消耗,获得较多的经济收益;对外贸易则是在各国生产要素价格存在差异的情况下,通过形式为商品交换、实质是生产要素交换的机制,增加社会总产品,从而增加该国的经济收益。因而,这二者并不是绝对排斥的,而是可以互相促进的。技术进步,由于提高了劳动生产率,提高了产品的质量和数量,从而提高了产品在国际市场上的竞争力,必然会促进该国的对外贸易。而对外贸易可以为该国的产品扩大市场,可以增加国民收入,从而为技术革命提供必要的资金。况且,通过对外贸易还可以直接引进国外先进技术,提高本国的生产能力。总之,技术进步和对外贸易可以在促进经济发展这一点上得到统一。

刘易斯在论述发展过程的各个侧面时,还提出了一些具体的结论,也值得我们注意。例如,他在归纳各国经济发展过程中的就业状况时,认为:"一个复杂的工业体系好像不能使就业人数的增加每年超过 4%。"再如,他认为,发展中国家利用发达国家的资金不是因为发展中国家人均收入低,也不是因为这些国家的人民不愿储蓄,其最终原因是发展中国家人口增长率高,间接原因是这些国家城市化的增长速度快。另外,关于发展中国家的商品政策,关于债务费用等问题,他都提出了自己的见解,这里不一一评述。

* * *

正因为本书具有上述特点和内容,所以,它的出版受到了国际经济学界的重视。著名国际经济学家金德伯格曾不无夸张地说:"刘易斯教授以巨大的洞察力和极其简洁的手法,对于一个世纪来的世界经济做了权威性的解释。”目前，本书已被国外许多大学作为发展经济学的教科书和参考书。对于我们研究国际经济关系、研究和制定我国经济发展战略，本书也有一定的参考价值，因此加以迻译，供大家参阅。

目 录

序

本书主要根据我在 1977 年 3 月 15 日、16 日在普林斯顿大学所作的两次公开演讲写成。内容略有增加，不过仍旧保留了演讲的风格。我在演讲时未作结论，现在加了一个简单的跋，阐明我自己的看法。

每年举行一次的詹韦讲座是由埃利奥特和伊丽莎白·詹韦创立，以纪念约瑟夫·熊彼特。熊彼特从 1932 年到 1950 年任哈佛大学经济学教授。他的著作因把历史、经济学和统计学巧妙地糅合在一起而著称。詹韦讲座的目的就是设法保持这种传统。我能 1
有幸按照这种传统进行演讲，是莫大的光荣。

阿瑟·刘易斯

1 第一章　导言

第三世界要求建立国际经济新秩序，这是当前国际范围内的中心问题。我要谈的主题是现存经济秩序的演变：它如何在一个多世纪以前出现，又是如何发生变化的。

“国际经济秩序”这一措词的意思含糊不清，但想给它下个确切的定义，那也会劳而无功。我所要讨论的，是发展中国家和发达国家关系中为发展中国家特别感到厌恶的几个方面：

第一，世界分成初级产品出口国和制成品出口国。

第二，发展中国家产品的生产要素的贸易条件处于不利地位。

第三，发展中国家依赖于发达国家提供资金。

第四，发展中国家依赖于发达国家推动经济发展。

我阐述这些问题的目的不是提出建议，而是想理解目前的局面是怎样演变而成的。

第二章　世界的划分 4

世界是怎样被划分成工业国和农业国的？这是地理资源、经济力量、军事力量、某种国际阴谋或者其他原因造成的吗？

讲到工业化，我们将谈谈近代的情况。英国从13世纪以来发生过多次工业革命，但改变世界的那次工业革命却是始于18世纪末。它迅速传播到北美和西欧，但甚至直到1850年，它还没有发展到成熟的程度。英国在1850年是世界上农业人口下降到劳动力的50%以下的唯一国家。今天约有30个第三世界国家的农业人口已经下降到其劳动力的50%以下——拉丁美洲有17个国家，亚洲有八个(不包括日本)，非洲有五个(不包括南非)。所以，在1850年，除了英国，即使那些最老的工业国也仅仅处于经济结构转变的初级阶段。

18世纪末，那些今天成为工业国的国家和那些今天所谓的第
三世界国家，是在地理的基础上，而不是在经济结构的基础上进行 5
它们之间的贸易的。确实，印度是优质棉织品的主要出口国，但贸易额却微乎其微。这种贸易包括食糖、几种香料、贵金属和奢侈品。它富有传奇色彩，也引起兵戎相见，但是实际上贸易的总额并不大。

19世纪上半叶，工业化改变了贸易的构成，因为英国囊括了全世界铁和棉织品的贸易。但是它和第三世界的贸易量仍旧很

小。甚至迟至 1883 年——进行贸易量计算的第一年——美国和西欧从亚洲、非洲和中美洲的全部进口额按出口国家的人口计算，每人不过一美元左右。[①]

贸易量如此之低有两个原因。一是主要工业国家——英、美、法、德——从总体上看，实际上是自给自足的。工业革命的原料为煤、铁矿石、棉花和羊毛，粮食则是小麦。除了羊毛以外，这些主要
6 工业国家拥有所需的一切。虽然许多作者讲过，工业革命依赖于第三世界的原料，但这是不确实的。直到 19 世纪末发生了所谓第二次工业革命（熊彼特认为这是在电力、汽车等基础上产生的康德拉季耶夫长周期的第三次上升阶段），才大量需要橡胶、铜、石油、铝矾土等材料。第三世界对于 19 世纪上半叶的工业革命所做的贡献是无足轻重的。

贸易量如此之小的第二个原因是，世界贸易的扩大——造成了我们正在研究的国际经济秩序——必须以运输革命为前提。在当时的情况下，铁路是主要因素。在铁路出现之前，非洲、亚洲或者拉丁美洲的对外贸易，实际上绝大部分局限于海岸和河流，铁路改变了这种情况。虽然工业国家从 1830 年起就一直在建筑铁路，但是直到 19 世纪 60 年代铁路才到达第三世界。出现这种情况的主要原因是，大多数国家修建铁路要靠在伦敦借款来筹措资金——甚至北美的铁路也是在伦敦筹措资金的，而第三世界直到 1860 年以后才开始在伦敦大量借款。运输方面的另一场革命是

① 关于这个数字和这里所用的其他统计数字的出处，以及一般关于更为详尽的历史分析，读者可以参阅拙著《1870—1913 年的经济增长和波动》，艾伦和昂温出版公司，伦敦，1978 年。

海运量的下降，这发生在铁壳代替木头船壳和蒸汽代替帆之后。19 世纪中期以后，货运量开始下降，但是在 1870 年后则出现了惊人的下降，在 30 年的时间里下降了三分之二。

由于所有这些原因，我们将要考察的现象——热带国家显著 7
地参加世界贸易，实际上只是发生在 19 世纪的最后 25 年间。正是在那时，热带国家的贸易开始出现引人注目的增长，贸易量每年约增长 4%。我们今天所知的国际秩序本身也正是在那时形成的。

现在还不清楚，为什么工业革命的结果竟使热带国家成为农产品出口国。

当主要工业国家在 19 世纪上半叶发生工业革命时，这场革命就从两个方面对世界其他国家提出了挑战：或者是仿而效之，或者是进行贸易。正如我们刚已了解的，贸易的机会很小，而且拖延到了 19 世纪末期。但是，仿效和开始自己的工业革命这一挑战却迫在眉睫。在北美和西欧，许多国家立即做出了反应。然而，大多数国家甚至中欧国家都没有反应。正是在这一点上，世界开始分成工业国和非工业国。

这种情况为什么会以这种方式发生呢？应该说，工业化本可以轻而易举地仿而效之。工业革命开始时，在纺织品的制造、煤的采掘、生铁的冶炼、蒸汽的利用等方面都应用了许多新技术。这些新的设想有独创性，且简单、易于应用。除建造铁路的费用外，所
需资本微乎其微，而建造铁路还可以依靠借款。因为没有很大的 8
规模经济，所以对于管理一个工厂或车间所需的技能，我们现在称之为第三世界的那些国家所具有的能力和经验都足以应付自如。

任何国家无论需要什么技术，都可以获得，尽管英国做了微不足道的努力，试图限制机器出口（这种努力在1850年以后就停止了），但英国人和法国人为了建立和经营新工厂，即使天涯海角也是乐于去的。

我们现在称为“倒流”的现象证实了上述事例。1800年，一些第三世界国家已在出口制成品，其中印度尤为显著。英国出口的廉价纺织品和铁摧毁了这种贸易，刺激这些国家采用英国的新技术。印度在1853年建造了第一个现代纺织厂，到19世纪末，不仅在廉价棉布方面做到了自给自足，还把英国的棉纱从远东的许多市场上排挤出去。那么，为什么全世界在当时没有立即采用工业革命带来的各种新技术呢？

人们喜欢从政治方面回答这个问题，但是这种回答是经不起检验的。确实，帝国主义列强对其殖民地的工业化采取了敌视态度。英国人企图用征税的办法阻止印度的棉纺工业发展。他们失败了，印度的棉纺工业由于工资较低、运输费用较低而得以维持。然而，他们确实成功地迫使印度迟至1912年才生产钢铁。帝国主
9 义列强对其殖民地和“门户开放”国家的工业化采取了敌视的态度，这是不容争辩的。但是，在19世纪中期，世界并未全都殖民化。当咖啡种植业于1850年左右开始在巴西迅速发展时，并没有来自欧洲或北美的外部政治力量迫使巴西发展成为咖啡出口国而不是一个工业国。巴西、阿根廷和拉丁美洲所有其他国家都可以根据自己的意愿进行工业化，但是它们没有这样做。印度、锡兰、爪哇和菲律宾确是殖民地，但在1850年，泰国、日本、中国、印度支那和印度尼西亚群岛的其他部分仍旧没有开始工业化的迹象。非

洲直到 1880 年才被分割，而那时工业革命已进行了一百多年。我们不能回避这样一个事实：在工业化方面，东欧和南欧那时恰恰和南亚或拉丁美洲一样落后，仅有政治上的独立，工业化的基础还是不充分的。

因此，我们还必须从经济方面给予解释。在这些解释中，最重要而又最容易被忽略的事实是，工业革命依赖于农业革命先期或同时发生。这个论点，对于包括詹姆斯·穆勒爵士和亚当·斯密在内的 18 世纪的经济学家来说，并不是什么新鲜的东西。

在一个封闭的经济中，工业部门的大小是农业生产率的函数。农业所生产的粮食和原料，除工业部门消耗外还必须有剩余；农民
生活富裕了，他们就会成为工业品的消费者。如果国内市场太狭 10
小，则仍旧可能通过出口制成品或进口粮食和原料使工业部门得以维持。但是，通过出口制成品来开始工业化则很难。开始时，人们通常只在熟悉的和受到关税保护的国内市场上销售商品，只有当懂得如何使其产品具有竞争力后，他们才进行出口。

18 世纪末的工业革命有一个显著特点：它是在农业生产率最高的国家即英国开始兴起的。当时英国的工业部门已颇具规模。工业革命并没有创造出以前根本不存在的工业部门。它通过采用新的方法，生产同样的老产品，改造了已经存在的工业部门。在那些农业也在发生革命性变化的其他国家，特别是在西欧和北美，工业革命迅速地展开。但是一些农业生产率低的国家或地区，例如中欧、南欧、拉丁美洲或中国，各工业部门的规模都比较小，所以工业革命的进展就比较慢。

如果说，农业生产率低、市场的狭小是对工业化的一个限制，那么，缺乏投资气氛则是另一个限制。西欧一直在制造资本主义的环境，这至少已有一个世纪之久，所以出现了一整代新人、一系
11 列新概念、一整套新制度。而这些在亚洲、非洲或者甚至在拉丁美洲的大多数国家都不存在，尽管拉丁美洲和西欧在文化传统上较为接近，也不例外。这些国家（中欧和南欧也如此）的权力仍旧集中在地主阶级的手中，它们从廉价进口品中获得好处，没有理由支持新兴产业阶级的出现。这些国家缺乏工业管理的能力。当然，农业国也能够把各种技能、机构和理论综合起来运用于工业，但是，这需要时间。对于工业革命所创造的另一个机会，即出口农产品的机会，它们则比较容易做出反应；特别是当运输费用降低时，情况更是如此。国内外的商人们走遍农村，从数以千计的小农或者土地所有者手里收购零星农产品；他们乐于使用印度劳工或华工来经营种植园。

世界就这样被划分成已实现工业化、出口制成品的国家和出口农产品的国家。这种变化的速度之快，特别是在19世纪下半叶造成了一种幻觉。西欧有这样一种信念，认为热带国家在农业方面享有比较利益。其实，正如印度纺织品生产很快就开始表明的那样，热带国家和温带国家之间，按人口平均计算，在粮食产量上的差距要比在现代工业产量上的差距大得多。

12 现在我们来考虑另外一个问题。我在前面指出，工业革命带来了两个机会：一是通过仿效而实现工业化的机会，一是进行贸易的机会。但是进行贸易的机会也是工业化的机会。因为贸易将增加国民收入，从而增加制成品的国内市场。在这种情况下，进口替

代便有可能实现，工业化也就能由此开始。澳大利亚就是这样的例子。直到19世纪50年代出现开采黄金热潮时，澳大利亚才开始发展，发展的基础是出口初级产品。然而，到1913年时，澳大利亚农业劳动力的比例已下降到25%，按人均计算，澳大利亚生产的制成品多于法国或德国。为什么在其他的农业国这种情况没有发生呢？

这些国家没有实现工业化，并不是由于未能扩大国际贸易。在第一次世界大战以前的30年中，热带国家的贸易量以每年4%左右的速率增加。所以，如果说贸易是热带国家经济增长的“发动机”，而工业是工业国家经济增长的“发动机”，我们则可以说热带国家的“发动机”和工业国家的“发动机”运转得一样快。相对来说，印度的失败，给其他国家的发展投下了阴影；但是在第一次世界大战前的30年中，锡兰、泰国、缅甸、巴西、哥伦比亚、加纳或者乌干达等国家都发生了变化。这些国家自己修建了道路、学校、供 13
水系统和其他必要的基础设施，却没有成为工业国。

之所以如此，有几方面的原因，其中最重要的原因是这些国家的贸易条件处于不利地位。因此，我们必须花点时间分析一下决定贸易条件的究竟是什么。

14 第三章 生产要素的贸易条件

19世纪下半叶，国际移民的两大潮流促进了农业国家的经济发展。约有5 000万人离开欧洲前往温带殖民地，其中约有1 300万人来到了我们现在称之为温带殖民地的新兴国家：加拿大、阿根廷、智利、澳大利亚、新西兰和南非。大约同样数目的人——5 000万——离开印度和中国，主要是去热带，在种植园、矿井或建筑工地当契约劳工。这两股移民潮流的出现，分别决定了热带农产品和温带农产品的贸易条件。就温带商品来说，市场力量确定的价格可以吸引欧洲移民；就热带商品而言，市场力量确定的价格可以维持印度契约劳工的生活。这两种价格水平迥然不同。

这种价格差别的主要原因，在于欧洲和热带地区的农业生产率有差别。在曾是欧洲移民最大来源的英国，1900年的小麦产量，每英亩是1 600磅，而热带地区每英亩谷物的产量不过700磅
15 而已。而且，欧洲的机器设备比较精良，每人耕种的土地也比较多，所以每人的平均产量势必比热带地区高六七倍。在大多数欧洲移民涌往的国家（如美国），产量的差别甚至更大一些，这并非由于每英亩生产率更高的缘故——它比欧洲低——而是因为其机械化程度比较高。新开拓的温带地区的殖民地在与美国的竞争中之所以较能吸引欧洲移民并使他们定居下来，仅仅是由于这些殖民地使移民的收入水平高于西欧和北欧。因为西欧和北欧先是需要

这些殖民地的羊毛，在1890年以后则需要它们的冻肉，随之在1900年后又需要它们的小麦，所以，西欧和北欧为这些商品所支付的款额势必使这些殖民地的生活水准高于欧洲。

另一方面，就热带地区的情况来说，只要茶叶、橡胶或花生的价格能使每英亩土地所提供的生活水准高于700磅谷物所能提供的水平，这便是一个改进。农民就会考虑利用闲置的土地和余暇来生产这些农作物；随着经验的增长，他们就会减少自己的口粮生产，即使付出较高的代价，也要去专门生产经济作物。但是，不管小农的反应如何，愿意为一天一先令而到任何地方的种植园干活的印度人和中国人却络绎不绝。亚洲的这股移民潮流和欧洲的移民潮流一样规模巨大，并且决定了热带地区的物价水平。在19世
纪80年代，种植园劳工的工资是每天一先令，而澳大利亚非熟练 16
建筑工人的工资却是每天九先令。如果茶叶是温带作物而非热带产品的话，它的价格也许就会高四倍。如果羊毛为热带产品而不是温带作物的话，它的价格也许只不过是市价的四分之一。

这一分析清楚地表明：对于以欧洲和亚洲的农业生产率分别决定的价格而进行的任何一种经济活动来说，从长期看来，劳动力的供给弹性是无限的。这种分析可以应用于李嘉图式的、包括两个国家和三种商品的比较成本模型。这些商品之一的粮食系由两个国家生产，这个事实决定了以粮食计算的生产要素的贸易条件。人们当然可以增加商品或国家的数目，对此进行详细阐述，但是如果所有的国家都要生产粮食的话，那么这个模型的基本内容仍旧是适用的。

由此可以得出一个重要的结论，那就是：热带国家无法通过提

高出口商品的生产率来回避这些不利的贸易条件，因为这样做只不过降低这些商品的价格。我们从生产率提高最快的两种商品——糖和橡胶——的情况中，已经十分清楚地看到了这一点。只有提高热带国家的共同商品，即国内粮食的生产率才能够改善生产要素的贸易条件。

有趣的是，在两个国家集团进行竞争的场合中，有时候谁占有比较利益很难确定。棉花便是一个例子。19 世纪时，美国是棉花
17 的主要供应国，但是所有的热带国家也都种植棉花。尽管英国竭力促使其殖民地种植棉花，但是美国在市场上仍独占鳌头。美国每英亩的棉花产量约为印度或非洲产量的三倍，但仅仅是这点还不足以抑制热带国家的棉花生产。如果南方的黑人可以自由移居北方，在那里干活，领取和北方白人相同的工资，那么，美国就不能与热带国家的棉花进行竞争。美国的种族歧视压低了棉花的价格；从另外一个角度说，在种族歧视的情况下，如果美国黑人的收入不是那么低的话，亚非拉就会以较高的价格输出大量的棉花。

只有在工资差别超过生产率差别的情况下，热带国家的商品才能进行竞争。有一些商品由于热带国家的农业生产率低而无法进行竞争，棉花就是其中之一。不只是北美奴隶未获解放前就生产的棉花和烟草，就连市场价格一直很高的玉米、牛肉和木材，都是热带国家无法竞争的；而且，随着甜菜生产率的提高，热带国家在生产糖方面的优势也逐渐消失了。这使得热带国家出口农产品的范围相当狭窄，并且促使热带国家过分专门化地生产一两种出口农产品。粮食的低生产率决定生产要素的贸易条件，其他农产
18 品的相对生产率则决定在这些农作物中，生产哪些，不生产哪些。

矿产也属于这种互相竞争的情况。热带国家的劳动力价格十分低廉，所以高生产率产生了高地租。这些地租归投资者所有，政府是在几乎分文未取的情况下把矿区的采矿权给予这些投资者的，而且收入是作为红利流向海外的。蕴藏着矿产的土地并不具有无限的供给弹性，但劳动力则具有无限的供给弹性。随着过去20年殖民地的相继独立，新独立的各国或者实行差别课税，或者对矿工实行差别工资制，或者用没收的方法对地下矿产的实际价值进行征收以作为国内收入，这场斗争是国际冲突中比较剧烈的一个方面。

在生产要素的贸易条件存在着差别的情况下，国际贸易给温带地区新殖民地带来的机会与给热带国家带来的机会迥然不同。贸易使温带地区各殖民地获得很高的人均收入，接踵而来的是对制成品的大量需求、进口替代的种种机会和迅速的城市化。按人口计算的国内储蓄就会很高。还可以获得用于各级学校的款项，这些国家很快就会拥有相当数量的管理和行政方面的优秀人才。温带地区的这些新兴国家就会用金钱、教育和管理能力形成它们自己的权力中心，对英帝国的权力采取了独立的和多少有点敌对的态度。澳大利亚、新西兰和加拿大在获得正式主权以前很久，从 19
政治意义上讲，已不是殖民地了，而且已经对英国的进口设置了关税壁垒。这些国家的生产要素的贸易条件，使它们在各方面都有机会获得充分的发展。

另一方面，热带国家的要素贸易条件使这些国家仍然处于贫困状态；无论如何，在印度和中国的劳动力资源枯竭之前，情况就是如此。尼日利亚的农民可能以澳大利亚农民牧羊时的勤勉和技能来种植花生，但是收益却大不相同。用老话来讲，公道的价格应该是同劳等酬。但是，市场价格使尼日利亚人因种植花生而获得每英亩 700 磅粮食的生活水平，使澳大利亚人因出售羊毛而获得每英亩 1 600 磅粮食的生活水平，这并不是因为两国人民的能力不同，也不是因为花生的边际效用或生产率和羊毛的边际效用或生产率不同，而是因为与他们民族相同、国籍不同的人在家庭农场里各自所能生产的粮食数量不同。发展中国家的领导人正是从这个根本的意义上谴责目前的国际经济秩序是非正义的，也就是说，生产要素的贸易条件是根据机会成本的市场力量决定的，而不是基于同劳等酬的公正原则。当然，谁也比不上温带地区殖民地本
20 身的工人阶级和美国的工人阶级更理解这种机制。工人阶级总是坚决反对印度人和中国人迁入他们国内，因为他们认识到，如果不阻止这种迁徙的话，它就会把工资压低到印度和中国的水平。[①]

① 我从我的论文“发展的扩散”援引了若干段落。此文载于托马斯·威尔逊编辑的《市场和国家》，牛津大学出版社，牛津，1976 年。

第四章　累积的力量 21

现在让我进一步地谈一下最近的发展情况。我必须首先说明，尽管生产要素的贸易条件不利，但贸易的机会还是相当大地提高了参加贸易的那些热带国家的国民收入。部分原因是必须把价格定在产品能够输出的水平上。所以，虽然价格是以粮食的低生产率为基础的，但是必须定得多少高一些。正像澳大利亚和阿根廷的工资高于巴黎或伦敦，锡兰或缅甸的工资也高于印度或中国。

某些热带国家国民收入增加的另一个原因，在于这些国家利用了以前未曾利用的资源——未曾利用的土地和劳动力——而获得了发展，因而这些国家生产的、用于出口的那些东西，在很大程度上多于本来能够生产的东西。特别是热带国家的粮食仍旧自给自足。出口的农产品只是多余的一部分产量。

在直到1929年大萧条为止的六七十年中，收入的这种稳定增长，相当大地扩大了对制成品的需求。对纺织品和铁制品的进口
增加了，这就使国内的手工业陷于破产。为什么这些国家不建立 22
它们自己的现代工厂以对付这种增加的需求呢？

有些国家，特别是印度、锡兰、巴西和墨西哥这样做了，但是进展缓慢。除了殖民主义——它限制了某些国家的工业化，还有其他三个因素起到阻碍工业化的作用。

第一个原因是：这些国家的进出口贸易在很大程度上被控制

在外国手里。利润恰恰产生在进出口贸易中，也即产生在批发、银行、海运和保险这一系列环节中。而铁路、种植园和采矿业的利润则颇不稳定。利润是进行再投资所需资金的主要来源，如果所积累的贸易利润掌握在国内企业手中，那么国内再投资就会比较多，而且人们必定会对国内制造业更感兴趣。

由于经济、文化和政治等各种原因，外国人控制了这些国家的大部分对外贸易。在经济方面，大规模经营有好处，因为它使通常的贸易风险减少到最小程度，可以避免小商人由于经济情况不佳而面临破产的可能性。在文化方面，自从 17 世纪以来，欧洲人一直在经营大型的海运和贸易企业；在这方面，也像在银行业和保险业一样，欧洲人虽不如印度人或中国人，但与拉丁美洲人和非洲人
23 相比，他们却遥遥领先。至于政治因素方面，情况就更为复杂了；例如某些帝国政府为了本国侨民的利益，故意牺牲当地居民和外国竞争者的利益。不管出于什么原因，获利最多的一些部门（批发、银行、海运、保险）往往为外国所控制；这样，就必定减少了对国内制造业进行投资的资金和企业数目。

第二个原因（某些民族主义的历史学家对此十分注意）是：参与国际贸易这件事本身，促进了对外国商品的需求，而在贸易的过程中又会破坏当地的工业。消费者懂得宁可吃小麦而不愿食甘薯，宁可用水泥而不用当地的建筑材料。如果这个国家拥有原材料，能够获得加工这些外国产品的新技能，那当然没有问题；否则，它就会减少出口乘数。出口乘数就是出口收益在重新外流之前，在该国周转、对国内工业起促进作用的程度。就 19 世纪的情况而言，很难进行定量分析，因为由于从英国进口而使生产招致破坏的

产品大部分是纺织品和铁制品，而这些产品和替代它们的进口产品没有什么根本的不同。消费者偏好有一些不同，但是成本上的差别最大。及至20世纪后，形势朝不同的方向发展，名牌产品在许多消费者市场上确立了自己的地位，即使是成本和质量都相同的国内产品，也都难以把它们从市场上排挤出去。

早在1841年，弗里德里希·李斯特就曾强调，在农业经济中， 24
如果不采取特殊措施以阻止市场力量的势头，改变其方向，市场力量所起的作用就是使这个国家永远成为农业国。在李斯特看来，补救的办法最好是由政府采用关税和进口配额来保护新兴的制造业。但是这个方法有一个先决条件，那就是实业界的力量已经控制了政府，可以利用政府为自己的利益服务。实际上，实业界并没有控制政府，这一事实正是解释为什么农业国尽管变得更为繁荣、消费越来越多的制成品，但却没有实现工业化的第三个原因。英帝国当然是殖民地国家的一个障碍，但这并非是必不可少的解释，因为独立国家也有同样的情况。事实是：一个国家出口的巨大成功，就给靠生产初级产品为生的那些大资本家和小农场主以及反对工业化措施的那些人创造了既得利益。那些人之所以反对工业化措施，或者是因为这些措施会使各种资源从农业转移出去并提高生产要素的价格，或者是因为这些措施最终会提高制成品的价格。所以，最终结果要取决于工业利益集团和农业利益集团的政治力量的相对强弱。

我们不能这样设想：在这种冲突中，盘根错节的农业利益集团的力量总是稳操胜券的。恰恰相反，在大多数欧洲国家中，在大多数新的殖民地国家中，它们就连连败北了。19世纪末，拉丁美洲

的巴西和墨西哥的企业家生气勃勃，十分引人注目。埃及没有从
25 富裕的地主阶级和商人阶级中产生一个实业家，这一点与印度形成鲜明的对比。看来，遭遇类似的各个国家所做的反应却不同；要搞清楚这一疑团，就会使人们对历史分析极感兴趣。阿根廷和澳大利亚之间的对比特别具有启示性。这两个国家的经济，在 19 世纪 50 年代同时开始迅速增长，并且出售相同的商品——谷物、羊毛和肉类。1913 年时，两国的人均收入都处于世界前十名。但是，澳大利亚迅速实现了工业化，而阿根廷却没有；这一失败使阿根廷在第一次世界大战后付出了昂贵的代价，因为那时的贸易条件变得不利于农业了。关于阿根廷未能实现工业化这一点，阿根廷的一些民族主义者归咎于英国在阿根廷的利益；但是，英国在澳大利亚和加拿大甚至更有影响，而这两个国家却都迅速工业化了。与这两个国家相比较，主要差别在于阿根廷的政治生活为古老的有地贵族所控制。澳大利亚不存在有地贵族，它的政治生活由城市各阶层控制，它们利用自己的权力保护工业利润和工资。工业阶级在拉丁美洲、中欧、北非和亚洲的大部分地区形成得很慢，这固然可以从国外力量的影响这方面来说明，同样也可以从国内社会和政治结构这方面来解释。

第五章　商品政策 26

1929年是国际经济的一个转折点。过去两个世纪以来世界上最严重的一次经济萧条开始了。大萧条给热带国家带来了大灾难，推动了至今仍然激荡不已的两个运动——要求达成各种国际商品协定和实现工业化以替代进口。

20世纪30年代商品的贸易条件，急剧地变得不利于农产品。由于热带作物可用食品替代，所以热带作物的价格就与食品价格联系在一起了；但是，实际上以制成品计算的食品价格，主要是由美国农产品的激增和锐减决定的。人们有时认为，自从1880年以来，农产品的贸易条件一直在恶化，但是事实并非如此。贸易条件存在着长期波动，这与工业和农业的相对增长率的变化有关。19世纪80年代和90年代，贸易条件不利于农产品，然后迅速变得有利于农产品，直到第一次世界大战为止。这一段20年左右的时期非常像我们现在的情况。美国的农业在南北战争后有了迅速的增长，但是，从19世纪90年代末开始，增长的速度放慢了，变得比较平稳了。1900年至第一次世界大战，食品价格上升，使得物价普 27
遍上涨。从而，当时就像今天一样，有这样一种说法：世界在走向大饥荒。然而，第一次世界大战后，在整个20年代和30年代中，贸易条件都不利于农产品。农产品对制成品的进出口比价，在40年代是上升的，而50年代和60年代则是下降的，到1970年前后又上升了。一个半世纪以来，这种 40 年的周期一再出现；不过，没人能够预料这种周期是否还将继续下去。

国际商品协定可以追溯到 20 世纪 20 年代，而在 20 年代时，这种协定已为数很多了。利用这些协定把物价提高到市场水平之上的任何企图，关键在于能否控制商品的供给。巴西维持咖啡价格稳定的努力，可以追溯到 1906 年的商品补贴计划；这种努力恰恰是其他国家的咖啡供应量迅速增长的原因之一。由亚洲茶叶供应国促成的国际茶叶协定，促使非洲的茶叶供应量越来越多。如此等等，不一而足。在不能控制其他地方开辟新的种植面积的情况下，要想提高农产品价格，只能是搬起石头砸自己的脚。

十分不幸，发展中国家能够有效地控制其供应量的商品，为数甚少。

发展中国家认识到了这一点，于是在第二次世界大战后试图采取一种新的战术。与联合国历次讨论的精神相一致，它们同意
28 国际商品协定不应该像大战前的整体情况那样仅由生产国缔结，而是应该由生产国和消费国共同谈判和缔结。显而易见，这个要求限制了生产国选择商品协定的价格目标的自由。然而，这些生产国希望消费国会同意实行有监督的供应，这就是拒绝从非协定签字国进口商品，或者是拒绝从协定签字国进口超过其配额的商品。

大多数的国际商品谈判，最终总是在价格问题上破裂。消费国和生产国无法达成协议。1973 年石油生产国之间达成的提高油价的协议，又回到战前的样式：石油消费国并未成为协定的一方，也未被征求过意见。

对商品协定的兴趣时显时隐。当物价像在 50 年代和 60 年代那样处于长期的下降趋势时，发展中国家迫切要求达成商品协定。当物价重新处于长期的上升趋势时，工业国则忧心忡忡。在去年(指 1976 年。——译注)内罗毕召开的联合国贸易和发展会议上，基辛格博士曾建议设立一笔为数可观的基金进行投资以增加原材料的产量，他不愿接受建立缓冲商品库存这样的建议。但是最近卡特总统走得更远，使美国采取与已同意建立缓冲商品库存的欧洲各国协调一致的步骤。缓冲商品库存和商品产量的大量增加， 29
颇合较发达国家的胃口，但这种情况并非全是发展中国家所企求的。在这个舞台上，随着演出的进行，演员们都喜欢改变自己所扮演的角色。

如果生产国之间没有对目标价格或对个别商品的配额取得一致的意见，而只是在所有国家都要征收出口税这个问题上意见一致，那么，它们就得去应付自己难以控制供应的局面。这样，恰好只会提高这些国家的收益而不提高制造商和农民的所得。从而，国家会获得更多的税收，然而并未刺激生产者生产更多的商品。一般说来，使生产国在价格和配额问题上达成协议较难，而在出口税问题上的意见易于一致。(这样的赋税只应适用于需求没有弹性的那些商品，而任何商品协议都受到同样的限制。)

人们总是试图用商品协定作为改善贸易条件以有利于发展中国家的一种手段，我前面所讲的情况就与这种想法有关。目前的讨论提到“价格稳定化”和“指数化”，因而表明其意图并非改善贸易条件，而是使贸易条件保持不变。如果情况确是如此，就不会出现控制供应的问题。

许多凯恩斯学派经济学家鼓吹使国际商品价格稳定化，或者
是以商品储备货币的形式，或者以国际商品缓冲库存的形式，以有
30 助于使国际购买力维持在衰退开始时的水平上。这种机制对于发达国家和发展中国家将会同样有利，因为它会有助于发达国家维持其出口，从而维持其就业水平。假如所有各方都有所收获，我们就可以预料这方面会取得一些进展；不过，由于对价格水平意见不一，这种情况的出现必然要推迟。

第六章　制造业的兴起 31

1929年后出现了第二个变化。大萧条使商品的贸易条件不利于热带国家，而且还使对其出口商品的需求化为乌有。由于这些国家的购买力下降，用于进口的款项消失殆尽；所以，萧条直接刺激了进口替代的工业化，拉丁美洲的情况尤为明显。甚至更为重要的是，它在政治上粉碎了对于工业化的抵制，不管这是帝国列强的抵制还是生产初级产品的国内既得利益集团的抵制。

第二次世界大战后，热带国家致力于进口替代。在50年代和60年代期间，进展迅速。这些国家的工业生产，每年的增长率约为6.5%，与此相比，发达国家的年增长率不过5.5%。

然而，在60年代末期，进行进口替代起步早的国家已经达到了极限，工业化开始放慢速度。在本书开头时我就讲到，工业革命依赖于农业革命先期或同时发生。如果70%的劳动力是以低生
产率生产粮食的农民（只有微不足道的剩余产品），那么，国内制成 32
品的市场就极其有限。当接近极限时，工业化的速度只能靠出口制成品来维持。

实际情况确是如此。热带国家开始相互出口制成品，而出口到发达国家的制成品甚至更多。这些国家的出口量，以每年10%的不寻常的速度增长着。目前关于国际经济新秩序的讨论，大部分内容都是关于减少关税壁垒、扩大发展中国家在发达国家中的

制成品市场。

正如我们所知，这样就要牵涉到国际经济秩序的大改组，所以我们必须花点时间探讨一下这种情况是怎么形成的。

过去，发达国家走了极端，阻止从发展中国家进口制成品，出于同一个原因，这些国家不允许亚洲人移居本国。发达国家进口原材料，但对于制成品或者课以很重的进口税，或者禁止进口，以保护本国制造业的生产能力。为什么这些国家现在改变了做法呢？

这种变化的原因，在于第二次世界大战后世界生产和贸易发生了异乎寻常的、未曾预料的迅速发展。世界经济的发展速度，比任何人在 1950 年所预料的大约快一倍。从 1850 年左右到 1913
33 年是历史上资本主义的黄金时代，但甚至在最发达的国家，人均产量的年增长率不过 1.5%到 2%。但是，1950 年到 1973 年之间，在一些国家，人均产量每年增加 3%到 4%。以不变价格计算，前一阶段世界贸易的增长速度为 3.5%到 4%，后一阶段则为 7%到 8%。在发展中国家，产量的增长速度也比人们在 1950 年所认为可能达到的速度快一倍左右。

同样引人注目的是：以往那种每隔八九年左右就使世界陷于混乱的国际经济衰退，在 1950 年到 1974 年之间没有出现过。大部分衰退都比较温和，但是，每二三次就会有一次大萧条，例如 1873 年、1892 年、1907 年、1929 年的萧条，或者是最近一次，即 1974 年的萧条都是如此。1974 年那次国际经济衰退，除了在程度上温和得多以外，具有以往衰退的所有标志。它和以往的衰退所共同具有的一个特点是，它影响了经济预测。从 1848 年马克思开始，每当出现了大萧条，人们就预言资本主义制度的崩溃迫在眉睫，就像早期的基督教徒总是认为审判日即将来临一样。迄今为止，资本主义制度依然存在，并且一如既往，继续生气勃勃地发展着——虽然，我们并不能保证它会永世长存。现在报纸杂志预言，1950 年到 1974 年的繁荣只不过是昙花一现，我们现在正处于长周期的下降阶段。是否如此，我们将等着瞧，而其结果对于发达国 34
家和发展中国家的关系，则是至关重要的。

在工业国家中，充分就业和人口无增长，使这些国家的劳动力市场发生了结构性的变化；这种情况已改变了这些国家对于从低工资国家进口制成品的态度。

为了理解这一点，我们必须先谈一下这些国家劳动力市场的结构。在纯粹市场经济的模式里，各行各业都实现了同工同酬。实际情况并非如此，而是存在着享有保障的工作职位和低工资的工作。有时行业之间存在着差别，非熟练工人的工资高一些，比如说，汽车工业工人的工资高于医院人员的工资。有时职业之间也有差别，有一些类别的熟练工人，例如印刷工人的工资高于所需技能程度相同的其他职业的就业人员。有时候，种族、性别或宗教信仰不同的人员之间工资也有差别。

我们把这称为“二元”或“双重”劳动力市场，因为市场经济达到同工同酬均衡状态的自然倾向受到了抑制。之前提供享有保障的工作职位的雇主，当然喜欢从低工资部门以较低的工资雇用工人；但是，工会不允许他们这样做，由于种族、宗教和性别的偏见，他们的一些亲信也不让他们这样做，法令或者仅仅是习惯也使他们无法这样做。

35 在经济迅速发展的国家里，享有保障的工作职位的数目，尤其是在制造业和高级服务业，增加的速度超过劳动力的增加速度。因而，人们被从低工资部门招募到高工资部门，这就损害了低工资部门的利益。这样就对低工资劳动力市场形成压力，造成非熟练劳动力的短缺，并且形成要求提高工资的威胁。第二次世界大战后，人口的增长几乎为零，工业的增长速度却前所未有，这样就使欧洲的剩余劳动力或低工资劳动力来源枯竭。农业劳动力迅速减少。小店主和易货商店的数目越来越少。西欧缺少护士、警察、公共汽车售票员、非熟练的工厂工人、非熟练的服务人员（旅馆职员、医院职员、佣人）。

经济制度从四个方面对这种压力做出反应。第一是把更多的妇女投入劳动力市场；第二是使低工资工作实现机械化或进行改组，这样所需的劳动力就会减少；第三是从其他国家吸收大量低工资移民，南欧、亚洲和加勒比海地区有数百万移民进入西欧。这种做法不得人心，而且不可能长期存在下去。要是做不到这样，仅次于此的最好办法就是从发展中国家进口低工资工人生产的制成品，使本国的非熟练劳动力脱出身来，转到生产率更高的经济部门工作。

就这样，60年代国际经济开始发生变化。工业国在比较穷的
36 国家投资以生产制成品出口。制成品成为发展中国家增长最迅速的出口产品，其增长速度每年约10%，比发达国家出口制成品的增长速度稍微快一些。到1975年时，制成品已占发展中国家（不包括石油生产国）全部出口的33%。如果目前的倾向继续下去的话，到1985年时，制成品将占发展中国家出口的一半以上。对其

中几个发展中国家来说，发达国家放弃对制成品进口的限制比在商品方面可能进行的任何改革都重要得多。

农产品贸易正在发生的情况，也说明了国际经济正在改变方向。因为人口激增以及粮食的生产率仍旧很低，发展中国家已成为粮食的纯进口国；而且，如果目前的趋势继续存在下去的话，它们进口的农产品很快就要超过其出口额。世界划分成出口农产品、进口制成品的发展中国家和出口制成品、进口农产品的发达国家的这种局面即将结束。

这样划分的结束，说明一种看法是荒谬的，这种看法认为，世界的这种划分是由于农产品的贸易条件不如工业品的贸易条件。如果热带国家 60％的劳动力从事低生产率的粮食生产，不管这个国家是出口农产品还是出口工业品，其余劳动力的价格就将低廉。发达国家的市场向从热带国家进口的商品开放，只不过使热带国家开始出口新的低工资商品。要说所有的农产品贸
易条件都不利，那是不真实的。澳大利亚、新西兰、丹麦和其他一 37
些国家由于出口农产品已成为世界上最富裕的国家。只有热带国家的产品，不管是农产品还是工业品，贸易条件才是不利的；之所以不利，是因为市场付给热带国家非熟练劳动力（无论生产什么）的工资是由低生产率的粮食生产者来源无穷无尽这一情况所决定的。

解决的办法也就有了。建立国际经济新秩序的办法，就是通过提高生产率，使低生产率的粮食生产者减少 50％到 60％。这样，就会改变热带国家的生产要素的贸易条件，并且提高传统的出口农产品的价格。这也会使农业有剩余产品，以维持面向国内市

场的工业生产。从而这些国家就不会那么依赖其他国家提供资金和经济增长的动力。现在我就谈一下这两方面的问题。

第七章　对外资的依赖 38

好几个世纪以来，欧洲就是国际金融的中心。意大利、荷兰和英国相继成为这样的中心。拿破仑战争一结束，英国即执贷款国之牛耳，但是，它在19世纪20年代贷给拉丁美洲的款项，遭受了灾难性的损失；于是，在以后的30年中，贷款就集中于欧洲和北美。在1857年印度帝国建立之前，再没有给今天列为第三世界的国家以大笔贷款。继英国之后，法国、德国相继成为贷款国，19世纪末之前仍是最大借款国之一的美国，也成为贷款国。直到19世纪最后30年，第三世界的经济发展才开始。那时候，这种贷款为铁路、港口和其他基础设施提供了资金；没有这些设施，商业活动就不能进行。

虽然外国资本对第三世界来说是重要的，但在19世纪时，对于外国资本家来说，第三世界并非全都重要。1913年尚未收回的投资中，只有三分之一左右投放在第三世界（不包括阿根廷），大部分投放在欧洲、北美和其他新拓建的温带国家。外国投资和帝国主义行径并不是一回事。

特别重要的是，要注意到外国投资并不是根据富国贷款给穷 39
国这一原则来进行的。美国、澳大利亚或阿根廷的人均收入高于英国、法国或德国，但美、澳、阿是借款国，而英、法、德却是贷款国。如果人均收入是决定资金是否自给自足的主要因素，我们就回答不了反对外援的人所提出的问题，即：19 世纪中叶的英国和法国，比今天的锡兰和巴西富裕不了多少，如果它们能积累足够多的款项贷给别国，为什么今天的发展中国家不能自己积累所需的全部资本？

19 世纪欧洲贷款国和富裕的借款国之间的差别，是由城市化速度的不同决定的。城市人口每年增长速度低于 3％的国家（法国 1.0％、英国 1.8％、德国 2.5％）给别国贷款，城市人口每年增长超过 3％的国家（澳大利亚 3.5％、美国 3.7％、加拿大 3.9％、阿根廷 5.3％）向别国借款。

城市化之所以成为决定因素，是因为城市化需要大量的钱。城市发展的费用和农村发展的费用之间的差别，并非由工厂所需资本和农村所需资本之间的不同来决定。工业和农业的投资只占全部投资的很小一部分，而且人均收入越高并非工业投资就一定高。归根结底这种差别是由基础设施的费用决定的。城市房屋所
40 花的钱要比农村房屋多得多。在在学儿童少于 60％的发展阶段，城市儿童能上学的比例则高得多。城市必须设法提供医院设施、自来水、公共交通。在所有这些方面，城市平均每人占有的数量比农村多得多；但是，即使每人平均占有的数量相同，城市的这些设施花的钱也会比农村多得多。农村居民在造房、互助修建乡间道路和水利灌溉等设施时，自己动手干的居多。即使他们雇用建筑工人，所付的工资也较少。这既是因为总的物价水平比较低，也是因为他们不会碰上强大的建筑工会。农村居民也不雇用建筑师。

高速城市化的原因是人口增长。欧洲的人口增长是在 19 世纪，而发展中国家则是在 20 世纪下半叶。当人口开始增长时，农

村居民就必须迁徙，因为人口增长对家庭农场产生了威胁。如果农村家庭平均出生八个孩子，而其中只有两个半孩子活到他们生孩子的年龄，那么家庭农场可以安然无事。随着活下来的人的数目增加，而后辈中没有一些人迁徙出去的话，农场就会受到解体的威胁。如果土地像西非那样很充裕，农民可以迁徙出去建立新农场，或者到其他新的农场和正在发展的农场寻找工作。如果新的
可耕土地很少，他们就寄希望于城镇。如果不知道城里的就业机 41
会将增加，他们是不会到城里去的。要是城里或其他农场都没有工作机会，后辈就得留在家庭农场，就会以人们在南亚和中东所熟知的方式进行分家，使农场越分越小。

所以，在不用花大的代价就可以实现全部可耕土地都有人耕种的那些国家里，一旦经济开始发展，农村人口中到城里寻找职业的人自然而然地增加了。这种迁徙的数量，取决于两个因素，即人口的自然增长率和现有城市人口占全部人口的比例。19 世纪末，德国人口每年增长 1.2％左右，城市人口占全部人口的 48％。为了吸收所增加的全部人口，城市人口必须每年增长2.5％（即 1.2 除以 48），而实际情况也正是如此。在当时，德国流出人口实际上已经停止了。就拉丁美洲而言，人口每年增长约 3％，城市人口已占 50％左右；所以，城市要吸收全部自然增长的人口，其人口就必须每年增长 6％。拉丁美洲城市人口增长的平均速度正好也大约如此；在全部自然增长的人口都集中在城市的情况下，农村人口仍旧保持不变。亚洲和非洲的情况不能达到这个要求，因为虽然那
里人口增长率约与拉丁美洲相同，或者甚至更低，比如说 2.5％； 42
但是，目前城市化的水平仍旧比较低，比如说在 20％左右吧。所

以，如果城市要吸收全部自然增长的人口，其人口规模就必须每年增长12.5%，实际上这是不可能的。

有证据表明，在一个复杂的工业体系中，如要保持有利可图，这个体系各个互相独立的部分的增长就必须保持某种平衡，制造业和采矿业的就业的年增长率无法高于4%。日本的增长率最快，60年代其工业就业增长率每年也不过3.8%。美国在第一次世界大战前的全盛时期，工业就业的年增长率为3.5%。苏联在30年代达到每年4.6%，但是，当时主要是生产军火和建造生产军火的工厂，这样一种工业体系比较简单。60年代的苏联工业就业，每年就只不过增长2.5%。看来，一个复杂的工业体系好像不能使就业人数的增加每年超过4%。

非洲问题就没有像南亚那样尖锐，非洲的土地仍十分充裕，而南亚土地则不足。假如南亚保持目前的人口增长速度，就需要更多的可耕土地，同时还需使每亩农业用地使用更多的劳动力。这是南亚各国必须最优先考虑的两件事。这不只是关系到提供非农业活动以外的工作机会的问题，而且也关系到为迅速增长的人口
43 提供食物的问题。但是，即使为增加农业就业人数的所有这一切都做到了，城市化的迅速进展仍旧是不可避免的。

如果工业可以分散到农村而不是集中在城镇，那么，城市化就不是不可避免的。这是毛泽东领导下的中国孜孜以求的目标。然而，这件可能做到的事有两个限制。第一，如果允许人们迁居城市，他们当然就会迁入城市；因而，严格实施入居城市须经审批的制度，就成为这种政策不可缺少的一部分。第二，工业本身就带有群居性质，大部分工业家都愿意在现有的工业中心设厂开业；这些

中心不仅具有物质上必不可少的基础设施，而且也拥有把工业设施联系在一起的网络般的各种机构。人们可以竭尽全力地建立农村工业，但是，除了在警察国家里，必然是很难成功的。

发展中国家依赖发达国家提供资金，并不是由于它们贫困，因为即使是最富裕的国家也需要借款。也并不是由于发展中国家不愿意储蓄。60 年代发展中国家的国内纯储蓄率平均每年约为 10%，这与英国或法国在 19 世纪 60 年代的储蓄率相差无几，而当时英、法已是贷款国而不是借款国了。

发展中国家依赖外资的最终原因是这些国家人口增长率高，
间接的原因是人口增长所造成的城市化的增长率高（每年高于 44
5%）。人口增长的速度已经开始放慢（城市化似乎是抑制人口增长的基本因素），但是，在人口自然增长率下降到每年约 1%之前，依赖于借债这种情况也许将继续存在。所以，至少在 20 世纪末之前，情况很可能就是如此。

应该注意，依赖于在国际上借款和依赖于外国经营管理技能，这二者并不是一回事。英国在 18 世纪虽然并未使用荷兰的经营管理技能，但仍向它借款。在国际资本流动中，私人直接投资的重要性总是被过分夸大了；进行夸大的人，既有反对私人直接投资的，也有认为私人直接投资应该是外国资本转移的主要方式的。目前，外国直接投资规模比较小。在 1929 年之前，外国私人进行投资的部门，往往是种植园、公用事业和矿山。对种植业公司进行投资，与印度劳动和华工移居世界各国是有关系的；第一次世界大战后当这种移民停止时，对种植园的投资也就停止了。现在外国资本对农业的投资几乎等于零，对公用事业的投资亦告结束。其部分原因是因为有一种老生常谈的看法，认为公用事业应该由公共部门控制，所以私营的公用事业公司接连不断地被收购了。除此之外，通货膨胀也使公用事业受到致命的打击，因其成本的提高
45 快于其价格的上涨；公用事业的价格，通常受到公众的严密监督。时至今天，有见识的人没有一个会到第三世界的公用事业中去投资的。50 年代和 60 年代期间，世界工业生产前所未有的增长，造成了对包括石油在内的矿产品的大量需求，所以采矿业对外国的私人投资具有吸引力。然而，采矿业获利丰厚，最终使其受到致命的打击。各国政府接连收购了矿产公司，通常是以比其市价低得多的价格进行收购的；所以，采矿业再也不能吸引很多的外国私人投资。另一个有利可图的行业是金融业，其中包括银行业和保险业。但金融业不是把资金投入发展中国家，反而把资金抽走；所以，发展中国家也已经不允许外国私人投资染指金融业了。

随着外国私人投资在这些传统部门逐渐减少，新的投资就转向制造业。现在制造业是不可多得的对经济做出贡献的部门，是第三世界各国政府积极鼓励外国投资的唯一部门，但这些政府发现投资者比所预想的要少。现在这些政府所强调的重点，不是资金而是技术和管理。制造业在总投资中的份额比较小，而且，如果问题只是资金的话，则无需外国的援助，大多数发展中国家自己就能为本国制造业各部门提供资金。外国人可以在两件事情上做出
46 贡献，一是市场联系，一是管理技能。外国人也许还可以在技术方面做出贡献，但是，在一般的轻工业工厂中，技术并不是什么秘密，人们可以购买一家现成的新水泥厂或新纺织厂。一些高度复杂化的行业，如计算机、汽车或石油化工才运用先进的技术；只有像巴

西、墨西哥或印度这样幅员辽阔、工业已颇具规模的国家，才迫切地对这些行业感兴趣。目前关于国际投资的讨论似乎认为国际投资主要是对跨国公司的控制，这种看法完全是目光短浅。

在发展中国家不再依赖外国企业以后的一段很长时期中，仍将依赖向外借款。① 应该注意到，共产党国家现在是最大的债务国，据说欠西方国家的债务已达 320 亿美元左右。城市化的迅速进行，使一个国家资金短缺，而不是使它依赖管理技能。

① 我未谈到进口石油的发展中国家需要借款以弥补其国际收支赤字，因为这是另外一个问题。这个问题本身如此严重，如此紧迫，必须立即找到一个解决办法，这可由产油国通过这样或那样的渠道给发展中国家中期贷款的方式来解决。我在本文只谈到从 19 世纪到 1973 年这段时期所形成的种种关系，因为这些关系可能将延续一段时间。

47 第八章　国际经济的波动

依赖外资的原因就谈到这里。现在我想谈一下依赖外资的两个不利之处，这在第一次世界大战之前就已经十分明显了。第一个不利之处是债务国抵挡不了国际经济衰退的冲击，第二个不利之处是债务费用迅速增加。

初级产品的出口国无论是否借款，都抵挡不了国际经济衰退的冲击，因为它们出口产品的价格在贸易周期中波动的幅度非常大。不同的作者曾试图评价波动的程度是在农业国较大还是在工业国较大；他们运用不同的定义，于是得出了不同的结论。答案并不十分重要，因为即使波动程度相等，但由于农业国的外汇储备比较少，所以它们承受波动的能力就较差。

除了价格波动本身固有的危险之外，还有投资资金的流动同时发生波动的危险。之所以会出现这种情况，是因为英国在第一次世界大战前40年中实行金本位时，举止吝啬。英格兰银行拥有的黄金非常少，有人说这是因为黄金没有利息的缘故，而其他国家
48 则比较慷慨。不管理由如何，其结果是：黄金稍有流失，英格兰银行就被迫做出反应，每年改变银行利率的次数之多，令人难以相信。特别是每当英国开始从周期性的衰退中复苏时，英格兰银行的黄金就开始流失，其部分原因是贸易条件会变得不利，部分原因是国际借款者会暂时提取黄金以交付在国内外所购置的商

品。所以，甚至在贸易周期达到巅峰之前，金融危机就会出现。英格兰银行的利率就会急剧上升，就会进行公开市场业务等活动。这时候，海外借贷就会停止，因为股票行市会对金融危机做出反应，筹集这些贷款的商号就会认为此时不利贷款，而且，拥有资金可以贷给外国的那些人，就会把资金存放在伦敦，从高利率中赚钱。所以，借款国在价格不利于它们的时候也借不到款了。

有几次借贷出现停顿的时间持续很长。1873 年、1892 年和 1929 年的衰退变成了大萧条，并且持续了三四年，最后才进入复苏阶段。这几次衰退都有这样一个特点：国际投资急剧下降。借款国不能履约，就不可避免地要发生一系列拖欠事件（或者如我们现在所说的“要求宽延还债期限”）。这些要求会使我们大吃一惊， 49
不过，这些要求在国际投资中久已有之，是国际投资固有的一部分。19 世纪 20 年代、40 年代、70 年代、90 年代以及 20 世纪 30 年代和 50 年代都普遍出现了拖欠事件；对于 70 年代末的拖欠事件，我们将拭目以待。欧洲资本市场对付这样的拖欠事件并不困难。它知道借款国会不得不回来借更多的钱，那样，就能使借款国在获得新的贷款之前承认未偿付的债务。但是，当其他国家在 30 年代拖欠美国债务时，因为美国的《股票买卖控制法》限制了金融中间人拥有外国政府的债券，所以美国急不可耐，对外国政府完全关闭长期资本市场，这样就对今天产生了不幸的后果。关于这个问题，我们在下面将予以讨论。

这些大萧条长时期地损害了国际投资活动，它们和现在美国的所谓库兹涅茨周期联系在一起。这个周期使美国每隔几十年交替出现繁荣和萧条——19 世纪 80 年代、20 世纪头十年、20 年代、

60 年代出现繁荣；19 世纪 70 年代、90 年代，20 世纪 30 年代、50 年代、70 年代，出现萧条。经济学家忘记了美国经济容易出现这些大幅度的波动，衰退要持续三四年才出现高涨；在国民经济研究
50 局所提出的三至四年的参考周期的有害影响下，他们都认为衰退通常仅持续 18 个月。但是，这完全不符合历史事实。

第二次世界大战后，没有真正出现以往那样的大萧条，这一事实加深了人们对历史的遗忘。1970 年美国进入了衰退，1973 年尚在恢复之中，又突然陷入衰退。工业生产的曲线图与 1892 年生产下降的曲线图非常相像。1892 年生产下降后略有回升，直到 1895 年又重新下降，再长时期地上升，七年后于 1902 年才恢复正常。就像前几次一样，在库兹涅茨周期的中心部分出现了严重的衰退。但是，由于我们的经济具有新的内在稳定器，1970 年秋天那次衰退不像 1893 年那样严重，而且，其他工业国家在 1974 年之前也没有一起进入衰退。所以，与以往每隔 20 年往往出现的严重、深刻的萧条相比，目前的情况只不过是小巫见大巫。

影响国际投资的另一种波动是价格的长期波动，我们现在称之为康德拉季耶夫波动，这是根据首先发现这种波动的伟大的俄国经济学家来命名的。从 1873 年持续到 1895 年的价格急剧下跌，给债务人造成了沉重的负担。使我们多少有点吃惊的是，国际投资的流动并未被 1880 年后形成的贸易条件恶化所打断；但是，对于 19 世纪 70 年代和 19 世纪 90 年代上半期的大量违约拖欠事
51 件，债务实际负担的增加确实是一个因素。农产品价格的长期下跌，在两次大战之间、在 20 世纪 50 年代和 60 年代又重复出现。它在朝鲜战争期间急剧上升；然后又持续下跌，直到 60 年代再度

开始上升。不过，1955 年后价格下降的幅度比较小，与 1873 年到 1895 年之间或 1920 年到 1938 年之间的价格下降完全不同。现在，另一次价格的长期上升似乎已开始了，这次上升又与农产品的相对短缺有关，如果价格持续上升的话，它将有助于减轻在 50 年代和 60 年代所欠债务的实际负担。

我们无法保证发展中国家能消除长期而严重的库兹涅茨型衰退所产生的种种后果，不过，在这种衰退全过程中维持多边和双边的政府间贷款，与过去相比确实是一个改进。即使现在世界各国的价格似乎确实处于持续上涨之中，我们也无法保证可以对付得了康德拉季耶夫式的长期的价格普遍下跌。但是，我们应该能够对付得了美国从 1890 年前后已出现的三至四年的短周期，这种短周期也有个名字，叫基钦周期；这是以发现这个周期的经济学家的名字来命名的，或者像有人所说的那样，他发明了这个周期并把它卖给国民经济研究局。

这些贸易和投资的周期性的波动，给农业国家带来了灾难；因
为当这些波动扩散到农业国国内的经济时，它的影响增加了好几 52
倍。当外国资金来源枯竭时，国内收入下降的程度超过开始时外汇的下降程度。货币贬值能减少国内收入下降的程度。在 1873 年到 1895 年价格长期下降期间，仍旧实行银本位的那些国家，如印度，避免了国内的通货紧缩；在这整个时期中，印度的物价实际上是上升的。其他一些国家，如阿根廷、智利和巴西使本国的货币上下浮动。比索随金价下跌而下跌，使农村各阶级得到了好处。由于不让城市人口因用黄金计算的进口工业品的价格比较低而得到好处，这就使得农村各阶级以比索计算的收入保持很高的水平；

而且，让货币浮动的做法，也使贸易条件有利于农村各阶级。坚持实行金本位的那些农业国，例如澳大利亚和欧洲的许多殖民地，付出的代价是国内物价急剧波动。美国的情况特别令人感兴趣。美国在 19 世纪整个 80 年代一直向海外借款，19 世纪 90 年代的上半期，其外汇出现了周转不灵的情况；这既是由于英国的贷款减少了，也是由于其出口的农产品价格非常低。所以，是否仍旧实行金本位就成为一个尖锐的政治问题。1896 年的大选，出口农产品价格的上涨，以及 19 世纪 90 年代下半期制成品出口的急剧增加，才使这个问题在 19 世纪下半期得以解决。米尔顿·弗里德曼讲过：

53 “也许应该明确地指出，我们并不想说，放弃金本位的办法在经济上是不可行的。恰恰相反，我们自己的看法是，对于 19 世纪 90 年代的普遍性萧条来说，放弃金本位可能是极其可取的。我们不考虑采用这个办法，仅仅是因为如事实所表明的那样，这个办法在政治上是无法接受的。”①

我想弗里德曼教授现在一定改变了他的想法，因为当 1972 年他在以色列就发展中国家的货币问题发表演讲时，建议每个发展中国家应该把本国的货币与商业往来最多的国家的货币联系在一起，而且仅仅保持在这样的程度。② 他特别提到了美国，他说，美国已在 19 世纪末如此这般地把美元与英镑“联系”起来。根据他

---

① 米尔顿·J. 弗里德曼和安娜·J. 施瓦茨：《1875—1960 年美国货币史》，普林斯顿，1963 年，普林斯顿大学出版社，第 111 页。

② 米尔顿·J. 弗里德曼：《货币和经济发展》，纽约，1973 年，普雷格出版社，第 44—48 页。

在1972年的看法，对于发展中国家来说，这个政策甚至比自由浮动制更好。

实际上，不花力气的办法根本就不存在。这个问题每考虑一次，很可能会得出一个不同的结论。对于不存在组织得很完善的远期市场的国家来说，自由浮动汇率制显而易见是根本行不通的。这是富国和穷国在国际经济秩序中的一个重要的不同之处。但是，如果一个发展中国家在整个商业周期中都维持固定汇率制，那 54
么，当外国的物价下跌时，它必须以较高的失业水平作为代价；甚至在周期性现象还未出现时，它也必须牢牢地控制住国内物价，以免商品因价格高而不能进入出口市场。另一方面，如果人们知道，每当该国的国际收支出现问题时，它就准备使其货币贬值，那么谁也不愿意拥有该国的货币。每个微不足道的困难出现，都会引起抛售风潮，使其外汇储备枯竭。除此之外，对于进口额与国民收入比例较大的国家的经济来说，货币贬值是一帖危险的药剂。19世纪的情况并非如此，当时粮食在第三世界进口中只占很小一部分，工会还没有获得在任何情况下都可使实际工资保持不变或使其增加的权力。现在，这种经济很可能处于一种单调的上上下下波动之中，货币贬值提高国内货币收入和物价，这样又会进一步触发货币贬值，如此循环，反复不已。严格控制货币供应量和货币收入水平，是使浮动汇率制获得成功的先决条件，特别是，如果粮食和其他消费品在进口中占很大比例的话，情况尤其如此。对于执行这样的政策感到没有把握的国家，都不愿利用货币贬值这个工具，特别是，如果人们认为国际收支出现麻烦只是暂时的和周期性的话，情况更是如此。

这种情况所需要的是在金本位制度下决不会出现的东西，亦
55 即最后贷款者。法国和德国在1913年前能应付得了商业周期，是因为它们拥有大量的黄金储备。发展中国家做不到这一点。它们能够有办法拥有较多的外汇储备；但是，拥有大量外汇储备的债务国，为了以3%的利率在银行存款，却要以6%的利率借款。穷国希望避免出现这种情况。英国避免了同样的命运。它不仅拥有非常少的黄金，在像1890年和1907年那样银根紧缩的时候向法国和德国借款，而不在其他国家的银行存放外汇储备，而且它依赖其他国家在英国银行存放的英镑储备以及依赖这种储备根据英格兰银行利率的变化在英国方便时汇进汇出。在英国，这个体制运行到1931年崩溃为止。这个体制绝不可能在发展中国家运行，因为一个发展中国家提高银行利率就等于引起一场危机：货币流出国外的可能性比流进国内更大。我们必须认识到，发展中国家根本无法获得发达国家在商业周期中控制外汇进出的种种手段。这是国际经济秩序的另一个裂口。

到1939年时，事情已经很清楚了，任何新的国际货币体制的基础一定是最后贷款者，于是国际货币基金组织应运而生。这样一个体制的运行并不容易，国际货币基金组织必须边干边学，这是颇费力气的。看来有这样一个机构很简单、明了：当发展中国家的
56 工业生产下降时，它增发货币；当工业生产恢复时，就回笼货币。在1973年前，这方面没出现多大的麻烦，因为周期性的运动比较温和。国际货币基金组织对付经济周期的能力，也由于建立补偿资金——其目的是帮助出口暂时下降的发展中国家——而得到了加强；而且，出于同一目的，欧洲经济共同体专为非洲、加勒比海和

太平洋地区联系国设立的补偿基金，也有助于提高国际货币基金组织的这种能力。拟议中的商品缓冲库存如果开始运行，也有助于此。

但是，最后贷款者面临着许多由不甚明显地进行自我调节的形势所产生的要求，对于这种情况，长期资金比短期借贷更适宜。例如，有一个国家由于连续三年遭受特大旱灾，用光了外汇，它怎么能偿还临时借款呢？又一个国家困难重重，因为一些新的合成纤维使其出口产品价格减少一半。另外一个国家滥用卖方信贷进行长期投资，现在却付不出债务费用。还有一个国家一直用通货膨胀的办法为资本形成提供资金，它对付不了通货紧缩所产生的失业问题。国际货币基金组织在处理这些要求时，面临两种困难。一种困难是赤字由政府本身的政策所造成，而政府不愿改变其政策，这种情况曾引起了最激烈的争吵。另一种困难是由于改善经 57
济的适当方法不是借短期资金而是借长期资金所造成的。做一个最后贷款者并不令人羡慕，因为它不可避免要面临种种要求，无限制的短期贷款并不是满足这些要求的适当解决办法。获得充足的长期资金是使短期借贷机构容易发挥作用的必要条件。

58 # 第九章　债务的数量

我们现在不妨暂且不谈经济波动的问题，而来谈一下发展中国家依赖发达国家提供资金的第二个大的不利之处，也就是债务费用增加迅速。

多马曾提出了一个公式，用以计算债务费用与每年新借款之间的比率。[①] 这个比率逐步增大，而接近于一个极限。

$$\frac{D}{F}L=\frac{a+i}{a+g}$$

式中的 a 是每年的还本比率（根据差额递减原则），i 是利率，g 是每年借款的增长率。这样，如果利率是 5%，每年借款增长 5%，债务费用将增加到恰恰等于每年的借款额。如果借款者借款的目的是获得净资金，那么借款增长的速度必须高于利率。

在英国，19 世纪最后 25 年中，贷款的增长速度低于利率的增长速度。所以，从 1890 年起，新的贷款少于别国偿还的还本款额、利息和股息之和。从 1890 年到 1907 年期间，英国的平均顺差每
59 年为 4 200 万英镑。只是在 1908 年到 1913 年的战前最后一小段时间里，平均贷款超过了平均流入的资金，而当时的顺差每年平均只不过 300 万英镑。

① E. U. 多马："外国投资和国际收入"，《美国经济评论》，1950 年 12 月。

因而，1913 年的债务情况是难以置信的。作为一种比较，我们且看一下石油价格暴涨影响债务之前的 1972 年发展中国家的情况。当时，发展中国家未偿还的债务为每年出口额的 1.8 倍(政府债务 850 亿美元、私人投资 530 亿美元、出口额 750 亿美元)。人们已经认为 1.8 的比率非常高，为此忧心忡忡，要求取消债务。与此相比，1913 年债务(不是指债务费用而是指未偿还的债务)与出口的比率也十分高。印度、日本和中国的比率算是最低，也有2.25左右，澳大利亚的比率为 4.8，拉丁美洲为 5.2，加拿大为 8.6。

对于数额为出口额 8.6 倍的债务，人们怎样偿付其债务费用呢？如果债务费用为 10%(比如，5%为利息，5%为还本额)，那么它就会占去出口额的 86%。1890 年阿根廷的债务费用为其出口的 60%。如果要求处于这种情况的国家用现金分期还债，那么它们就会陷入困境。然而，这种要求根本就没有提出过。首先，这些债务中有一部分算不上是债务，而只是私人公司的债券，在它出售给债务国的居民之后才需偿还。(1913 年跨国公司已经明显地存 60
在了，政治理论家最近才发现其存在，这使得历史学家有点迷惑不解。)总之，甚至债务的本金也不一定减少：完全可能通过这种或那种方式使得债上加债，其中包括借新债还旧债。

必须说明，这种情况有一个先决条件，即能够使用新债来偿还旧债。如果新债和特定的项目联系在一起，因而必须用来为新添设备和建设项目提供资金的话，情况就并非如此。1913 年借的新债与 1972 年的大部分债务相比，前者优于后者；因为 1913 年政府在伦敦借款时无需具体规定其用途，或者甚至可以特别规定用于偿还旧债或利息；而在 1972 年时，世界银行和政府间双边贷款都坚持新债必须用于新项目。

总之,如果用贷款进行的投资具有经济效益的话,那么,债务数量就没有什么意义。这里也许还有商业周期的问题,但是,我假定这些问题可用最后贷款者的短期贷款来解决。我这里所说的"进行的投资具有经济效益",意思是:贷款的收益必须大于其成本,这样就增加了国民收入。但是我还假定,该国经济能够把增加的收入兑换成外汇:如果贷款用于公共目的,就把增加的收入变为税收,然后再把这些税收兑换成外汇。我还假定,在贷款的整个使用期间,能积累够多的这种增加的收入,也就是说,人们不是借
61 短期贷款为长期投资提供资金。在这些假定的情况下,贷款不是一种负担而是一件好事;债务负担越大,该国的经济情况就会越好。

实际上,在过去 20 年中,最经常被事实所推翻的两个假定是:增加的收入可以兑换成外汇和可以利用的短期资金。否则的话,由于发展中国家的实际国民收入一直是每年增加 5%,所以,它们卓有成效地吸收资本的能力,本应毫无争议,它们调动国内资金以偿付长期债务的能力,也同样应该毫无疑义——如果它们希望这样做的话。

现在按照新古典经济学的看法,并不存在独立的外汇问题;只要采取适当的财政、金融和汇率政策,国内资金总是可以兑换成外汇的。大量结构主义的文献讨论了这样一个问题:在某些时候或者某些场合下,这些政策是否不与获得持续的经济增长或充分就业这些更大的要求相冲突。现在,我不想加入这场讨论。但是,因为这些文献谈的是发展中国家赚取外汇的能力,所以文献中的数

字是值得注意的。由于贸易条件恶化，在 1955 年到 1970 年期间，发展中国家出口的商品，每年增长的速度略低于 5%；同期国民生产的增长速度也大体相仿。第一次世界大战之前，热带国家出口的增长速度高于产量的增长速度，出口成为经济增长的动力。今天，国内市场需要更多的产品，因而，发展中国家的经济增长，并不 62
那么严重地依赖提高出口对国民收入的比率。同样，50 年代和 60 年代的经济突然高涨已告结束。但是，这种情况是否对头？如果这种情况不对头，那么，造成这种情况的原因，是否是未能满足工业国家对传统出口商品的需求，是否是发展中国家未能利用世界谷物、肉类和制成品贸易所提供的新的可能性，这倒是所争论的问题。

我再谈一些数字。1972 年，债务费用（包括分期付款、利息、利润——不管是否再投资）与出口的比率约为 23%。这个数字看来很大，但是在资产负债表的另一方[①]，赠予、贷款和私人投资（不包括技术援助）等流入资金约占出口的 36%，净流入的资金总额约占出口的 13%。这比 1913 年或 1890 年的情况要正常得多。（资金的净流入额恰等于国民收入的 2.3%，再加上国内的总储蓄等于国民收入的 15%左右。如果我们不考虑利息和股息，只分析资本流动，那么，贷款、赠予和偿还债务的差额即为净流入的资金额，其数目约为国民收入的 4%。）

上述这些债务与出口额的比率，仅仅符合结构主义者的观点，即认为债务费用与出口额的比率，不允许超过一个最大限度，例如

① 即贷方。——译注

63 25%。对较大的国家来说，这种算法是不合理的。因为这些国家的情况多种多样，所以进口非常少。例如，印度需要的进口额仅占国民收入的5%左右，根据这样粗略的计算，所允许的最大债务费用仅为国民收入的1.7%。这种方法的错误在于它的假设：进口额比较小的国家，其出口额也一定比较小。但是，如果印度的债务费用为国民收入的5%，为什么它不可以用进口国民生产的5%、出口国民生产的10%的办法来偿付它的债务呢？如果硬要对债务规定一个限额，那么，债务限额就应该用国民收入来衡量，而不是用贸易来衡量。

我的观点是：如果从贷款所增加的收入大于其成本这个含义上来说，贷款在经济上是划得来的话，那么累积的债务有多大都没有关系——越多越好。如果收入不能兑换成外汇，人们就开始忐忑不安了；但是，如果像第一次世界大战前通常显而易见的那样，债务可以延期，或者可以用新债来偿还旧债，人们又可以不用担忧了。人们确实可以预料，一个国家要经历一种类似投资生命周期的过程；这种周期有四个阶段。第一阶段，新的借款超过债务费用，甚至连利息也要用新的借款来偿付。第二阶段，新的借款少于债务费用，但是大于分期偿还的债务。第三阶段，未偿还的债务数
64 量不断减少。第四阶段，借款本息还清，这个国家便不是债务国了。在1972年时，发展中国家作为一个整体仍处于第一阶段。

那么，为什么在50年代和60年代关于债务负担的议论那么多？为什么出现那么多的拖欠事件？回答是：主要在于短期债务的比例过大。1913年时，英国未偿还的短期贷款仅为3亿英镑左右，而长期贷款却有35亿英镑。但是，发展中国家由于外汇限制

而不能在英国和法国的长期资本市场上借款，由于《限制股票买卖法》而不能在美国长期资本市场上借款。发展中国家政府不能通过发行私人有价证券借款，这是国际经济秩序的一个重大变化，它产生了严重的不良后果。政府对政府的借款是不完全的而且是不充分的替代办法。因此，发展中国家的政府被迫筹借短期贷款；在50年代和60年代是通过卖方信贷，而在70年代上半期则是通过商业银行的贷款。

利用短期卖方信贷为长期投资提供资金，当然只会引起拖欠还债；有十几个国家的情况就是如此。60年代的某个时候，工业国开始明白了：第一，它们的资金将要受到损失；第二，在全世界制成品贸易每年增长10%的情况下，把商品卖给付不起钱的人的这种过分竞争，没有什么必要。所以，工业国开始严格控制卖方信贷。

正当控制卖方信贷的种种做法产生作用时，欧洲货币市场和 65
发展中国家政府才互相了解。从发展中国家的观点来看，欧洲银行真是个了不起的机构。向世界银行借款要两年时间，世界银行要求进行花钱很多的可行性研究，要提出数以百计的问题，派出各种工作小组进行数不胜数的、耗时费力的访问，发送堆积如山的文件。人们在进行会谈和信件往来的基础上，几个星期就可以从欧洲银行借到钱。这种灵活性特别有价值，因为它意味着可以用新的借款偿还旧债；当不能靠贷款本身的收益来偿还贷款时，这是可以容忍高债率所需的条件之一。于是，这就有了很妙的"借新债还旧债"的银行业务；这似乎意味着贷款永远不需要偿还。所以，发展中国家狂热地涌进这个市场，其中最大的借款者，现在是巴西、扎伊尔、墨西哥和印度尼西亚等国的政府。

从表面上看来，这种情况岌岌可危；甚至有人担心，要是这些政府还不出债的话，就会使整个国际银行体系崩溃。但是，怎么会要求它们偿还呢？银行家贷款是为了赚取利息，只要利息稳可到手，就不需要偿还本金。贷款可以延期。客户坚持要还本金，只是令人讨厌地给银行家带来了另找一个客户的麻烦。不过，利息自
66 然不一定稳可到手，它很容易随借款国赚取外汇的能力发生变化而变化。而且，如果偿付利息发生问题，则一俟通知须立刻偿还本金的这种要求就十分棘手。

人们所需要的是，可以通过一切渠道获得充足的、各种类型的长期资金；这些渠道包括对信誉良好的借款者重新开放的长期资本市场，还有多边和双边的政府机构和外国私人投资；贷款条件从根据市场利率到给最穷国家的赠予，宽严不等。60 年代初以来，各国政府就都同意这一看法了。经济合作与发展组织成员国，保证每年提供的净资金不低于其国民收入的 1%，它们还进一步同意，在这些资金中，政府对政府贷款的平均利率应该不超过 3%。如果发达国家真正信守这些诺言——其负担并不特别沉重，根据合理的贷款条件所提供的长期资金就会很充分（暂且不谈石油问题）。人们可以减少短期借款，也不必为债务负担而烦恼。现在的问题就是如何使发达国家信守诺言，不过这不属于我现在要讲的范围。

第十章　经济增长的动力 67

关于国际经济秩序，我想谈的最后一个问题乃是：发展中国家依赖于向发达国家出口商品来作为本国经济增长的动力。像1913年以前的30年那样，当发达国家经济扩张时，发展中国家的经济就向前发展，如在包括两次世界大战在内的近30年中那样，当发达国家经济萎缩时，发展中国家的经济几乎停滞不前。而且，像在1950年到1973年之间那样，当发达国家经济复苏、增长速度超过以往时，发展中国家的经济增长速度也超过了以往。

我们甚至可以精确地衡量这种联系。在1883年到1913年之间和1951年到1970年之间，全世界初级产品的贸易增长了约0.87倍，其速度与发达国家的工业生产相同。如果说，初级产品的出口是发展中国家经济增长的发动机，那么，这个发动机运转的速度比工业生产也只是稍微慢一些。实际上发展中国家的贸易增长速度还要快一些，因为贸易不限于初级产品。如把一切因素都考虑进去，则这个比率大约是一比一。

这种依赖性与发展中国家的一个目标是不一致的；这个目标 68
就是发展中国家人均收入的增加速度应高于发达国家，也就是说应该缩小、最终消灭发达国家与发展中国家生活水平之间的差距。我认为，对国际关系感兴趣的大多数人，不管他是富翁还是穷人，都会欢迎缩小这种差距。但是，我们不妨还是看一下这种联系的影响。从理论上讲，缩小差距的一个比较简单的办法，就是放慢富国经济增长的速度，环境保护主义者正敦促富国这样做。但是，如果富国放慢增长速度，穷国的增长速度也将放慢；而且，穷国在贸易中一定会吃大亏，因为贸易条件将不利于它们。假如这种联系是确实存在的话，那么，富国的经济增长速度尽可能快一些是符合穷国的利益的。

确实，穷国有这样一种抱怨：富国没有向它们购买足够多的商品，富国保护本国高成本的生产，不管是生产糖、水果还是加工原材料，或者是生产制成品，这些都与穷国存在竞争。消除这些贸易壁垒，是建立国际经济新秩序行动宪章的一个主要内容。那么，发展中国家的出口能增加多少呢？据估计，每年至少能增加 100 亿美元。

在工业生产和对热带产品的需求之间，存在联系；对此估计不足，将使联合国所确定的发展中国家的增长目标难以达到。70 年
69 代的增长目标是每年 6％。人们认为，要实现这个目标，进口每年就需要增长 6％或 7％，出口每年也应该增长 6％或 7％，使进口和出口的差额的比率保持不变。但是，如果富国的工业生产像 50 年代和 60 年代那样，每年仅增长 5.4％，那么初级产品的进口只能增加4.7％，发展中国家就不能维持 6％的增长目标。

所以，毫不奇怪，发展中国家对于其经济增长速度依赖于发达国家的经济情况这一点感到不满，并且希望能摆脱这种约束。

绝对地不受约束是不可能的。出口已达到上述那种程度的任何国家，都依赖于世界贸易。所以，现在问题就变成这样：第一，发展中国家是否过分依赖初级产品的出口？第二，假使对出口有某

种程度的依赖，它们是否就不能在互相之间多出口一些，向发达国家少出口一些，从而改善其贸易地位呢？

我们已经考察了发展中国家过分依赖出口初级产品的原因。在19世纪最后25年中，初级产品的出口是最容易的。不管怎样，发展中国家本可以像澳大利亚或加拿大的情况那样，使国内市场得到发展，为工农业生产的增长提供额外的动力。可是，由于种种原因，结果没有完全做到这一点；这些原因我们已考察过了。国 70
内粮食生产没有出现革命性的变化，所以，发展中国家就成为粮食进口国。外国人控制了金融和初级产品的贸易，他们面向国外而不是面向国内。那些本身利益与生产和出口农产品联系在一起的人们，利用自己的政治权力反对工业化。因为生产要素的贸易条件十分不利，所以，制成品的国内市场，无论如何都是比较小的。

过去的20年中，情况发生了变化。政治权力，以前被用来反对工业化，现在则被用来支持工业化。但是，国内市场仍旧比较小；部分原因是粮食生产的革命只不过刚刚开始，部分原因是生产要素的贸易条件仍旧不利。所以，工业化已经使国内市场迅速达到了饱和；只有使富国进口穷国的制成品，才能保持工业化的势头。

当发展中国家从向富国出口初级产品变为向其出口制成品，它们就从一种性质的依赖变为另一种性质的依赖。潜在的发展余地广阔得多了。富国购买茶叶、可可或咖啡的数量是有限的，但是，1975年发展中国家制成品的出口，仅占全世界制成品贸易的8%。所以，在今后十几年中，发展中国家制成品的出口，可能达到

的增长是无限的。全世界制成品贸易每年的增长速度一直是
71 10%，发展中国家的制成品出口也以同样的速度增长。如果保持这种速度，则发展中国家在世界贸易中所占的比重，只不过是保持不变，这并不会给发展中国家与发达国家双方带来不可克服的困难。但是，在全世界制成品生产每年仅增加5%—6%的情况下，全世界的制成品贸易，不可能以每年10%的速度持续下去。如果增长率下降了，发展中国家就势必需要增加自己在全世界制成品贸易中所占的比重；虽然在今后十几年中不难做到这一点，但必然会遇到越来越多的阻力。

关键在于发展中国家的生产不必主要面向发达国家的市场。首先，它们可以在互相之间进行更多的贸易，而不那么依赖与发达国家的贸易。发展中国家本身就拥有经济增长所需的一切。其燃料和主要矿产品够用还有多余。如果耕种得法的话，发展中国家的土地足够养活其全部人口。它们能够学会加工制造的技能，能够省下现代化所需资本。从长期看，发展中国家的发展并不依赖于发达国家的存在，即使发达国家沉到海底，发展中国家经济增长的潜力也不会受到影响。我这样说，仅仅是为了提醒我们自己：目前发达国家和发展中国家的关系，并非注定如此、永久不变；也并不可取。

72 如果发展中国家不依赖发达国家的情况有例外的话，那就是粮食。要是耕种得法的话，发展中国家目前的土地足够养活其全部人口，但是，人口在迅速增加。在亚洲，如果人口超过粮食供应，亚洲人就将期望从世界其他国家获得廉价粮食；要是得不到的话，他们势必寻求土地。三个世纪以前，北美、南美、澳大利亚和非洲

人烟稀少，所不同的只是程度上的差别而已。世界人口集中在欧洲和亚洲。欧洲人夺取了北美、南美和澳大利亚，并开始迅速向这几个大陆移民，以排除亚洲移民。他们也教会了亚洲人如何使人口爆炸式地增长。现在亚洲人仿效了，其人口增长率增加一倍，所以他们也需要更多的空间。如果亚洲人很快地控制人口增长，如果农业技术提高的速度快于人们的预计，如果欧洲和美洲能向亚洲人提供廉价粮食，与亚洲生产的制成品相交换，那么，这就不会成为一个问题。否则的话，21 世纪的国际和平前景就很不妙。

即使暂且不谈粮食问题，即使不从长期进行考虑，一些发展中国家的制成品目前需要进入发达国家市场，仍有其特殊的意义。我们鼓励发展中国家组成关税同盟，从地区一体化中获得好处，特别是当发展中国家在协调彼此的工业发展时，更加如此。它们已经在设法这样做，在拉丁美洲、中美洲、南美洲、西非、东非和东南亚缔结了一系列一体化条约，但目前所有这些条约要实现起来都困难重重。众所周知，这主要有两个原因。首先，每个国家都希望生产自己所需的全部轻工业品，所以，实际上只有一小部分重工业中的大型企业才适合于一体化；对于哪些企业应予一体化，人们争论不休。其次，在每个地区，都有一些国家比其他国家更先进一些，它们靠牺牲其他国家的利益从一体化中得到更多的好处。所以，一体化的协议是不稳固的。

实际上，新兴工业国并不依赖在贫穷的邻国市场上受到保护。哪里有市场，它们就打入哪里；换句话说，它们打入富国市场。所以，19 世纪 80 年代德国参加世界的制成品贸易，是靠占领英国市场而成功的；19 世纪末的新兴工业国轮到美国，它的最大市场是在欧洲而不是在拉丁美洲。今后 20 年的新兴工业国，则以巴西、墨西哥和印度领先；它们将主要通过与富国的贸易而不是通过与穷国的贸易获得成功。如果发达国家对发展中国家的制成品关闭自己的市场，那么，把世界市场分成一个个隔开的地区市场是有优点的。如果发达国家不关闭自己的市场，世界市场就不可能分隔
74 成一个个地区市场，除非像西欧的情况那样，完全是出于政治上的考虑。

无论如何，一个发展中国家的发展战略，不必过分依赖出口；眼光应该更多地放在国内市场。面向国内市场的工业生产所受到的限制是，50％以上的劳动力生产国内消费的粮食，而剩余的农产品很少。改变这种生产率低下的状况，整个局面就会为之改观。发展中国家就不必再进口粮食，而可以打入正在扩大的谷物、牛肉和饲料的世界市场。生产要素的贸易条件迅速地有利于传统的热带农作物，而且工业品的国内市场和高级服务业都成为经济增长的动力。如果今天那些富国的进口倾向有任何指导意义的话，那么，发展中国家在富裕起来时所进行的贸易，就会比现在多得多，形式就会更加多样化，而在国民收入中所占的比例就会更低。

总而言之，国际贸易在 19 世纪成为经济增长的一个动力，但是，它本来的作用并非如此。经济增长的动力应该是技术变化，国际贸易是润滑油而不是燃料，实现技术变化的途径是农业革命和工业革命，这两者是互相依赖的。国际贸易不能代替技术变化，所
75 以，那些依赖国际贸易、把它作为主要希望的人必然要受到挫折。促进经济发展要考虑的最重要的问题，在于改变粮食生产的状况，使农产品有剩余，可以养活城市人口，从而为国内工业和现代服务

业奠定基础。如果我们能在国内进行这种变革，那么，国际经济新秩序就会自然而然地产生。

76

第十一章　跋

前面几次演讲分析的是历史事实，所以，我审慎地未提出解决问题的方法。然而，需要解决问题的方法的读者们，常常把这几次演讲当作教科书来看，常常把并非作者持有的观点当作是他的观点。为了减少这种误解，简单地阐明一下历史事实表明在哪些方面可以改善发达国家和发展中国家的经济关系，也许是有所裨益的。

1. 发展中国家贫困的主要原因、它们生产要素的贸易条件不利的主要原因在于：发展中国家大约有一半的劳动力以非常低的劳动生产率生产粮食。这就使制造业和服务业的国内市场受到了限制，使进口倾向太高，减少了可征收的税款和储蓄，并且使出口货物和劳务的贸易条件很不利。扭转这种局面是改变发展中国家和发达国家关系的根本途径。但这需要时间。

2. 同时，发展中国家出口增长速度需要更加高，以便支付所需的进口和偿还债务。发达国家应该减少对发展中国家制成品和农产品出口所设置的种种壁垒，使发展中国家在世界贸易中占有
77 更多的份额。这是援助发展中国家的最好和最有效的方法。

3. 发展中国家需要获得比以往更多的长期资金。目前短期资金的比例太高了，这是危险的。甚至在石油价格暴涨之前，情况就是如此了。应付石油危机，应当使用中期贷款而不是使用短期

贷款。

4. 国际货币基金组织需要更多的备用资金以应付周期性的衰退。1976年时，进口石油的发展中国家，其出口额达1180亿美元，但是，它们在国际货币基金组织中的借款能力仅为130亿美元；另外还有少量的特别提款权和商品补偿资金。在缓冲库存尚未建立的情况下，给发展中国家的备用资金，不应少于其每年出口额的一半。

5. 50年代和60年代发展中国家出口商品所出现的那种长期性的价格下跌，给出口造成了困难，使贸易条件向不利方面变化；此外，还加重了债务负担，所以就使发展中国家的情况更加恶化。发展中国家在世界贸易中占有更多的份额，将有助于支持发展中国家出口商品的价格。各种价格稳定计划也将有助于此。而且，由于这些计划可以遏止国际经济衰退的扩散，所以也能使发达国家获得好处。

关于国际经济的议题中，还有许多其他的问题，如跨国公司、国际技术转移的成本和国际会议的表决力量，等等。上述问题是历史上未曾出现过的，然而是最迫切需要得到解决的。

索 引*

* 索引中页码为原书页码,参见本书边码。——编者注

图书在版编目(CIP)数据

国际经济秩序的演变/(英)阿瑟·刘易斯著;乔依德译.
—北京:商务印书馆,2017
(汉译世界学术名著丛书:120年纪念版:珍藏本)
ISBN 978-7-100-14913-6

Ⅰ.①国… Ⅱ.①阿… ②乔… Ⅲ.①新的国际经济秩序 Ⅳ.①F114.3

中国版本图书馆CIP数据核字(2017)第159027号

汉译世界学术名著丛书
(120年纪念版·珍藏本)
国际经济秩序的演变
〔英〕阿瑟·刘易斯 著
乔依德 译
甘士杰 校

商务印书馆出版
(北京王府井大街36号 邮政编码100710)
商务印书馆发行
南京爱德印刷有限公司印刷
ISBN 978-7-100-14913-6

2017年12月第1版 开本710×1000 1/16
2017年12月第1次印刷 印张4¾
定价:25.00元